KB163675

지중해학

세계화 시대의 지중해 문명

차례
Contents

'우리의 바다' 지중해

지중해를 생각하면 어느새 우리는 고급스러운 크루즈 관광과 건강 요리, 비키니를 입은 늘씬한 백인 미녀, 파란 하늘 그리고 하얀 모래와 하얀 돌담을 떠올린다. 영화 「지중해」에 나오는 철없도록 낭만적인 이탈리아인들을 기억한다. 호메로스의 『오디세우스』나 단테의 『신곡』에 등장하는 수많은 영웅들의 활동무대, 푸른 바다, 강렬한 햇빛, 온화한 기후…….

흔히 문명의 호수라 불리는 지중해의 기호에 깃든 이미지, 냄새, 기억은 대체로 그러한 것들이다. 아니면 그렇게 구체적이지도 않고 극히 막연한 동경의 이미지만 갖고 있는 것이 더 정확한 우리의 처지인지도 모르겠다. 어쨌든 우리의 이미지와 기억에 담긴 지중해는 '하얀 가면의 제국'이 아닐까. 우리가 생각하는 지중해는 서양 중심의 근대화의 과정에서 서양의 기원을 그리스와 로마에서 찾으려는 기획으로 탄생한 것에 퍽 가까울 것이다. 그러나 그렇게 변조된 지중해는 더 이상 문명의 호수가 아니다. 일찍이 지중해는 '그리스의 바다'였고 '로마의 바다'였지만 '이슬람의 바다'이기도 했고, 그 모든 것 이전에 '아프리카의 바다'였다. 검은 지중해를 상상하는 힘을 우리는 잃고 있다. 유럽의 패권주의에 휘말려있기 때문이다. 유럽은 근대 이전까지는 지중해 문명의 한 주변에 불과했다. 그런 늦깎이가 고작 수백 년에 걸친 변신을 통해 세계사의 주역으로 올라선 것은 놀랍기도 하지만, 그것이 가능했던 것은 패권적 제국의 힘 때문이었다. 그것이 위험한 것은 일방주의에 있다. 문명은 원래 일방주의가 아닌, 교류의 현장이다. 문명은 상생과 대화의 장이며 섞일수록 아름다워지는 법이다. 지중해는 그러한 교류와 상생, 대화의 문명을 간직한 시공이었다. 그것이 우리가 재현하고 상상해야 할 지중해의 얼굴이다.

지중해의 나이를 상상하기는 쉽지 않다. 나이를 먹는다는 것은 봄에 씨를 뿌려 가을에 열매를 거두는 것이다. 그렇게 한 살의 나이를 먹는다. 우리는 보통 70번쯤 나이를 먹는다. 지중해는 우리와 함께 수천 번의 나이를 먹었다. 한 번의 나이도 씨가 열매로 되는 긴 시간으로 이루어지는데, 수천 번 그렇게 긴 세월 동안 지중해에서는 수도 없이 씨를 뿌리고 열매를 거두었다. 그런 오래 지속된 삶의 흐름에서 지중해의 태양은 줄곧 빛을 주었고 바람은 구름과 비를 실어다주었으며 흙은 영양을 주었다. 지중해의 나이, 그 시간에는 지중해의 모든 것이 담겨있다.

아테네에 가면 아크로폴리스 전철역이 있다. 전철역을 만들기 위해 공사하던 중에 유적이 발견되었다. 새삼스러운 일은 아니다. 현재의 아테네 전체는 고대 도시 아테네의 거대한 유적을 덮고 그 위에 세워져 있으니까. 아크로폴리스 전철역 아래에 묻혀있던 유적의 시간은 기원전 3000년까지 거슬러 올라간다. 그 이후로 시대마다 그곳은 교회당으로, 신전으로, 시장으로, 공동묘지로 쓰였다. 최근 19세기에는 오스만의 지배 아래서 병원 건물이 들어섰다. 시간에 따라 공간은 모습을 달리한다. 시간에 따라 공간은 중첩된다. 거기서 땅을 딛고 살았던 사람들(의 모습)도 겹으로 쌓인다. 그 겹들은 다시 땅이 되고 역사가 되었다. 나는 그런 생각을 하며 지중해의 모습도 그렇게 형성되었을 것이라고 상상한다.

훨씬 더 오랜 시간을 생각하면 지중해는 언젠가 사라질 것이다. 판구조론에 의하면 아프리카 대륙이 유럽 쪽으로 이동하기 때문에 언젠가는 지중해가 없어진다고 한다. 그런 측면에서 인류의 문명 전체가 지질학적 토대의 영향 아래 있다는 말[1]도 가능할 것이다. 인류는 바다가 낮아지고 기후가 비교적 온화한 시기에 일시적으로 불어난 기생하는 진드기에 불과하며, 현재의 땅과 바다의 배열은 언젠가 변할 것이고 그와 함께 짧았던 우리의 영화도 끝날 것(위의 책, p.214)이라는 예언도 받아들일 수 있다. 그러나 어차피 인간의 지각(知覺)이 끝나면 모든 것도 끝나는 것이다. 혹시 지중해가 없어진 후에도 아시아와 아프리카, 유럽의 땅에 계속 사람들이 산다고 할 때에는 지중해의 기억은 사라지지 않을 것이다. 지중해의 기억은 인류를 살아있게 만들며 거꾸로 인류가 살아있는 한 지중해의 기억은 남아있을 것이다. 그것은 지중해가 인류 문명의 뿌리이며 또한 미래이기 때문이다. 이렇게 말할 수 있는 이유는 지중해 문명이 상생과 교류의 얼굴을 하고 있기 때문이다.

지중해는 시간으로도 공간으로도 경계를 그을 수 없다. 그곳에 담긴 역사와 문명의 시공은 광활하게 또 다양하게 뻗어나가고 깊이 뿌리내리기 때문이다. 그것이 가능한 것은 교류에 있다. 여러 다양한 문명들이 시공을 초월하여 (그야말로!) 서로 가로지르고 뻗어 내리면서 복잡한 국면들을 생산하고 있는 것이다. 교류의 초점은 상생과 대화에 있다.

이러한 지중해를 말하기 위해서 생각할 것들이 얼마나 많은가! 장기지속의 측면에서 환경과 생태는 지중해의 몸의 틀을 뜨고 거기에 자양분을 제공해왔다. 지중해성 기후에서 올리브가 자랐고 올리브의 교역은 지중해의 문명교류를 이루어 지중해를 확산시키는 동시에 하나로 묶는 역할을 했다. 지중해의 바다에 복잡하게 뻗은 항로들을 지도 위에 금으로 그어보면 마구 엉킨 실타래처럼 보일 것이다. 그 속에서 지중해의 바다는 여러 다양한 문명들의 교류의 무대로서 지중해 문명의 심장의 역할을 담당했다. 또 역사와 문학, 예술, 인종, 언어, 종교, 신화 등에 비추어 살펴보아야 할 지중해의 모습은 얼마나 변화롭고 다양한가. 이들은 지중해라는 공간이 시대마다 펼쳐낸 전체적인 관계망의 날줄과 씨줄을 이룬다.

지중해는 어떤 한 시대나 문명, 어떤 하나의 종교, 어떤 하나의 언어로 이루어진 혹은 대표될 수 있는 시공이 아니라, 대단히 다양한 시대들, 문명들, 종교들, 언어들이 하나로 어우러져 나온 복합적인 시공이다. 이들이 어우러지는 양상들은 시대마다, 종교마다, 언어마다, 생태마다 그 모습을 달리한다(뒤에서 이를 '네트워크'로 설명하겠다). 그렇게 변화하는 각 단위들이 또한 서로 얽혀서 일어나는 연기(緣起)의 시공이 바로 지중해다. 이를 가리켜 문명의 교류라고 할 수 있는데, 중요한 것은 지중해의 문명의 교류는 수평적이었다는 점이다. 즉, 어떤 한 문명이 중심이 되고 다른 문명이 그것을 반복하거나 넘어서기보다는 서로 침투하는 가운데 변화가 일어났다는 점에서 진정한 의미의 교류를 실현했다는 점이다. 그렇게 시대에 따라서 지중해는 다양한 문명들이 태어나고 부대끼고 흔적을 남기며 윤회하는 공간이었다. 또한 문명들의 확장에 따라 지중해의 공간은 아프리카와 아시아, 유럽뿐만 아니라 아메리카까지 뻗어나갔다.

이런 것들로 뭉친 지중해는 결코 간단하게 보아 넘길 수 없는 하나의 문제로 우리에게 던져져 있다. 과거에 지중해를 우리의 바다(Mare nostrum)라고 불렀던 로마 제국이 공간적으로 정당성을 지녔다면, 우리도 역시 지중해를 '우리의 바다'라고 부를 수 있다. 그것은 지리공간적으로 지중해 문명이 과거 역사에서 한반도까지 닿았다는 흥미로운 문명교류사의 측면에서뿐만 아니라 지중해를 하나의 경우로, 즉 문명교류의 모델로 전환하여 볼 때 떠오르는 생각이다. 다시 말해, 지중해를 '우리의 바다'로 전환하여 보는 것은 지중해가 교류와 대화의 얼굴을 갖고 있고 또 우리가 그 점을 인식하기 때문이며, 그 얼굴에서 현재 인류 문명의 대안적 모델을 떠올릴 수 있기 때문이다.

지중해는 현재 급변하는 국제질서 속에서 유럽과 아프리카, 아시아의 입장들이 서로 교차하는 무대로서, 세계화의 모순들이 드러나고 부딪히며 동시에 새로운 가능성들을 내보이는 곳이다. 그러나 지중해는 과거에 그곳에서 살았고 현재 활동하는 자들만의 것이 아니다. 지중해는 이미 인류의 유산이며 인류의 기억으로 남아있다. 지중해를 인류 전체의 유산으로 생각하는 것은 문명을 대하는 우리의 자세와 관련된다. 검은 지중해와 '우리의 지중해'를 상상하는 것은 그동안 유럽 중심으로 조명되고 축조되었던 지중해를 특수한 경우'들'로 만들면서 동시에 보편적 차원에서 해석하려는 것이다. 즉, 지중해는 유럽만의 것이 아니고 또한 이슬람과 아프리카, 아메리카의 것만도 아니며, 아시아의 것이기도 하다는 사실을 강조하면서 여러 얼굴들의 지중해를 상상하는 것은 지중해를 특수한 경우 '들'로 만드는 일이며, 그렇게 재구성된 지중해의 얼굴들을 세계의 어느 지역, 어느 시대, 어느 경우에 대비해볼 수 있다는 점에서 지중해는 보편성을 띠게 되는 것이다. 보편화된 지중해 개념을 놓고 볼 때 우리는 더 이상 '하얀 가면의 제국'으로서의 지중해에 대해 타자가 아니다. 또한 지중해의 시공에서 실제로 활동했던 민족들과 문명들 각각도 유럽에 비해 타자로 분류되어서는 안 된다. 오히려 유럽 자체를 그 민족과 문명들에 대해, 또 우리에 대해 또 하나의 타자로 만들면서 지중해가 누구에게도 속하지 않는 동시에 누구에게도 속하는 시공으로 만들 필요가 있다. 그럴 때 지중해의 시공은 인류 전체에 관계하는 문명적 유산으로 다가오며 우리 인류의 현재 문명에 희망의 별이 될 수 있는 것이다.

이런 식으로 지중해를 상상하고 연구하는 지중해학(Mediterranean Studies)은 세계의 모든 지역들, 문명들, 민족들, 종교들 그리고 맥락들이 서로를 서로에게 여는 가운데 상생의 사고와 실천을 열어가는, 이른바 타자에 대한 열림의 학문이다. 자신을 끊임없이 타자화하고 모든 것을 주변부화함으로써 자신을 포함한 모든 것을 수평적 관계로 재구성하는 양상이 현재 인류 문명에서 가장 절실하게 요구되는 사고와 실천의 패러다임이라고 할 때, 그것이 이 시점에서 우리가 동아시아의 맥락에서 지중해를 생각하는 중요한 이유이며 조건일 것이다.

이 책의 목표는 지중해학의 가능성과 조건, 의미, 전망, 그리고 과제를 살펴보는 것이다. 우선 지중해학이라는 개념부터 우리에게 낯선 것인 만큼, 그러한 내용들을 상술하려면 꽤 두꺼운 책이 되어야 할 것이다. 그러나 불과 100쪽 남짓한 조그만 책에서 그런 큰 주제를 다루는 이유는 이 책을 일종의 선

언서로 삼으려는 것에 있다. 최소한 지중해학의 얼개를 짜고 지중해학의 의미와 한계를 분명히 함으로써 세부적인 후속 작업들의 토대가 되기를 바란다.

지중해학의 가능성

세계화의 문제

세계화라는 개념이 우리나라의 거의 모든 분야에서 실질적인 영향력을 행사한 지 꽤 오래되었다. 세계화는 우리의 의지와 관계없이 전지구적 차원에서 벌어지는 현재의 현실이다. 공간적인 측면에서도 그렇거니와, 세계화는 정치와 경제, 사회, 문화 등 분류할 수 있는 인간 현상의 모든 분야에서 그 힘을 계속해서 증가시켜나가고 있다. 예를 들어 일찍이 자본주의 세계 경제 체제의 발전으로 시작했던 세계화의 개념에서 약간 떨어진 듯한 환경의 문제도 이제는 하나의 국가 단위보다는 전지구적 현실에서 해결해야 할 중요한 현안으로 등장하고 있으며, 정치, 사회, 문화교류의 단위 역시 한 국가의 단위로 이루어지는 것이 거의 없을 정도로 전지구적인 국제관계 속에서 이루어지고 있다.

그러면 '세계화'라는 개념을 어떻게 이해할 것인가? 나는 세계화를 16세기 세계 경제의 출현과 18세기 산업혁명 이래 서구 세계를 중심으로 전개되어온 역사적 시기 내지 현상을 가리키는 말로 이해하고자 한다. 그런 측면에서 세계화는 근대화 또는 서구화와 동일시될 수 있을 것이다. 그러나 세계화가 이미 우리 삶에서 피할 수 없는 것이 되었고 어떤 측면에서는 바람직하기도 하다면, 우리에게 주어진 일은 그 자체를 단순히 하나의 문명이 다른 문명에 의해 재현되거나 재생산되는 것이 아니라 공존과 상호 인정의 형식으로 만드는 일일 것이다. 구조주의의 문명 개념에 따르면, 인간의 속성은 본능에 의해 규정될 수 없다. 인간의 특성은 문명에 의해 형성, 발전되어왔고 지역과 시대, 민족에 따라 수많은 다양한 문명들이 명멸했지만 그 다양성 속에 어떤 기본적인 구조가 자리한다는 것이다. 그러나 이러한 접근은 보편적인 구조의 건설을 목표로 하는 대신에, 변화무쌍한 현실의 역사성과 사회성을 무시하거나 생략할 수 있다. 존재했던 구체적인 다양한 현실들의 살을 어루만지는 살아있는 접근이 필요하다. 그럼에도 불구하고 지금까지 전개되어온 세계화의 흐름은 사실상 문명의 다양성을 무시하고 어떤 한 문명을 일방적이고 무차별적으로 재현하고 재생산하는 구조주의적 오류에서 벗어나지 못했던 것 같다. 다시 말해 세계화는 동양과 서양의 상호 인정과 이해, 그리고 공생이라기보다는 옥시덴탈리즘(Occidentalism)이라는 일방적 측면으로 훨씬 더 강하게 나타나는 것이다.

옥시덴탈리즘과 비슷한 용법으로 오리엔탈리즘(Orientalism)이라는 말을 떠올릴 수 있다. 옥시덴탈리즘은 세계 전체가 문화, 정치, 경제적으로 서양의 논리와 이미지에 끌려가는 현상을 가리키는 말인 한편, 오리엔탈리즘은 지배자의 입장에서 바라본 동양의 이미지로 이해된다. 특히 오리엔탈리즘이라는 용어는, 사이드(Edward Said)의 견해를 빌리면, 동양의 실체에 관계없이 서양인이 제멋대로 동양의 이미지를 신비화하는 과정과 그 결과를 가리킨다. 옥시덴탈리즘과 오리엔탈리즘은 동양과 서양이 서로의 실체를 이해하거나 인정하지 못한 데서 나온 결과들이다. 물론 긍정적인 측면에서 볼 때, 세계화의 시대에서 동양과 서양의 실체가 따로 분명하게 존재하거나 그 경계가 확연히 그어지는 것은 아니라고 볼 수도 있다. 더욱이 서로가 서로를 규정하고 서로에게 영향을 미치는 현재의 상황에서 볼 때, 동양의 측면에서 서양중심적 사고를 비난하거나, 서양의 측면에서 동양을 그저 낭만적, 이국적으로 바라보고 그 실체를 제대로 보지 못한다는 분석은 크게 새로운 의미를 가지지 않을 수도 있다. 그러나 세계화를 비판적으로 바라볼 때, 오리엔탈리즘과 옥시덴탈리즘의 허구성은 여전히 새롭게, 그리고 똑같이 날카롭게 지적되어야 할 부분들이다.

동양과 서양이라는 이분법 자체가 현실을 반영하지 못하는 모호하고 추상적인 사고의 산물이다. 아프리카와 중남아메리카는 현재 그 두 범주들 중 어느 한 쪽에 넣기가 애매하며, 중동과 중앙아시아, 동북아시아, 동남아시아, 인도 그리고 러시아를 동양으로 싸잡아 묶기는 참으로 껄끄럽다. 현재의 공간이 이러하듯이, 마찬가지로 시간적인 흐름에 따른 변화들을 살펴보면 동양과 서양이 뚜렷이 구별된 적은 극히 최근의 잘못된 이분법을 제외하고 거의 없었다. 동양과 서양이라는 용어들 자체가 처음부터 중심과 주변부의 구도로 출발하여 우리의 머리와 가슴에 선험적인 개념으로 새겨져 있다. 이런 추세는 근대 이후, 특히 19세기 제국주의 시절부터 형성된 서양의 발명품이다. 근대 이전에, 예를 들어 13세기에 나온 마르코 폴로의 『동방견문록』은 동양과 서양의 교류의 산물인 동시에, 그 원래의 제목이 '세계의 서술 Description of the World'이듯이 동과 서를 구분하지 않는 '세계'에 대한 책이다. 따라서 '동방'이라는 말은 동양을 서양으로부터 구분하려는 의도가 다분히 담겨있는 것이다. 김호동의 지적대로 실제로 『동방견문록』에는 다른 문화나 관습에 대한 경멸심, 후일 후손들이 비서구 사회를 보고 느꼈던 서구 문명에 대한 무한한 자부심과 우월감을 찾아보기 힘들다.[2] 그렇다면 이 책에서 그려진 몽골 제국의 도시들은 단순히 신비에 찬 동양의 도시들이 아니라 '우리의 세계', 즉 동과 서의 구분이 없는 세계라고 볼수 있다. 이렇게 볼 때, 『동방견문록』은 서구의 편견과 우월이섞이지 않은, 아니 더 나아가 그러한 편견과 우월을 교정하며,

동양에 대한 서양 문화의 지적인 권위의 실체를 벗겨 드러내는 책으로 보아야 할 것이다(그럼에도 불구하고 여기서 동양과 서양이라는 용어를 쓰는 것은 논의의 편의에 따른 것임을 밝혀둔다).

그러면 동서양 서로에 대한 정보를 그 어느 때보다 풍요롭게 지닐 수 있는 현대의 정보사회에서 세계화는 그들의 간격을 얼마나 좁혀주었는가? 정보사회에서 정보는 곧 힘으로 연결된다고 흔히 말한다. 현대의 정보사회에서 가능한 많은 정보의 수집이 하나의 힘으로 연결되는 것은 사실이지만, 실질적으로 인터넷 등 발달된 정보매체들의 영향으로 정보수집의 범위와 양은 그렇게 큰 차이를 보이지 않는다. 그 대신 수집된 정보를 스스로의 자세와 입장에 입각하여 분석하고 재구성하며, 궁극적으로 스스로의 결론을 도출하는 작업이 훨씬 더 중요하다. 이러한 분석과 재구성의 힘이 없을 때, 정보의 양은 오히려 우리를 위협하는 요소가 될 수도 있다. 세계화는 사실상 정보의 범람만큼이나 그 획일화에서 온 측면이 크다. 이는 문화의 고정 관념화를 가져왔고, 동양과 서양, 서구와 비서구 사이에 소통을 불허하고 타자성을 고착화시키는 결과를 초래하고 있다.

요컨대 세계화에 대한 나의 입장은 우리의 현재 세계가 이른바 신제국주의적 자본주의와 그로 인한 둔감한 전체성에 지배되고 있다고 보는 것이다. 세계화는 우리의 세계가 다양한 부분들이 서로 연기(緣起)의 관계로 공존하고 있는 실체라는 사실을 모르거나 혹은 그럴 수 있는 가능성을 무시하고, 모든 지역 공동체들을 파괴하는 둔감하고 무지한 전체성의 테러를 감행하고 있다. 이렇게 볼 때 세계화라는 작금의 현실은 그 세계화의 조류에 그저 휩쓸려가는 것이 아닌, 거기에 주도적으로 대처해야 할 필요성을 우리에게 일깨워준다. 그동안의 역사적 흐름을 비판적으로 바라볼 때 세계화가 근대화 또는 서양화와 동일한 개념으로 이해되는 현실은, 세계화의 흐름이 어쩔 수 없는 역사의 전개라고 수긍할 수 있는 동시에(그러한 세계화의 흐름이 연구 대상이 되기까지는 20년 안팎의 역사를 지니고 있지만, 정작 그 실질적인 기원은 식민주의적 제국주의의 출현으로 잡아야 한다), 그 흐름에서 간과되는 것은 무엇이고 우리가 나아갈 길은 무엇이냐 하는 숙제를 안겨준다.

하루 이틀 된 이야기가 아닌 것을 가지고 이렇게 새삼스럽게 서두를 장식하는 것은, 문제는 잘 알고 있으되 전반적으로, 또 각개 분야에서, 그러한 문제의식을 해결하고자 하는 예가 그리 흔하게 발견되지 않는 듯이 보이기 때문이다. 특히 우리나라에서는 세계화와 근대화의 개념이, 부정적으로든 긍정적으로든, 아직까지 제대로 검토의 대상이 되지 못한 느낌이다. 역사적으로 볼 때에도 서양이 근대화에 성공한 이래 동양을 물질적으로 흡수하고 정신적으로 자기 범주에 끌어들여 소화하려는 경향을 보여온 것은 사실이다. 그러나 이는 경제, 정치적으로는 가능했을지 모르나, 적어도 문화적으로는 가능하지 않았다. 단 이런 식의 인식과 구호만으로 해결되는 것은 아무것도 없다. 문제에 대한 해법은 문화적으로나마 우선 서양과 대등하게 대화하고 나아가 경제적, 정치적, 환경적 공생 관계를 이루는 길을 찾는 것이다.

이러한 상황을 마주한 우리에게는 세계화에 대한 저항과 전지구적 관점에 대한 비판을 위해 탈근대적 철학과 사고가 필요하다고 생각한다. 세계화는 근대화에 기초한 전지구적 전체화의 과정이며, 시간과 발전의 냉혹한 논리에 근거를 둔다. 그에 대해 탈근대 철학은 현대 인류의 문화가 혼종된 문화임을 주장한다. 이는 실증주의와 과학, 기술, 진화론, 산업혁명, 그리고 자본주의에 기초해서 유럽중심적으로 전개되어온 혹은 주장되어온 근대화에 대립되는 개념이다. 탈근대 철학의 측면에서 지중해 문명을 고찰해야 지중해 문명의 다양성과 상관성이 제대로 드러난다. 그런데 탈근대의 관점이 필요하다면, 탈근대의 위치와 개념을 명확히 해야 할 터이다. 탈근대를 근대의 연장이나 근대의 완전한 초극 등 여러 가지로 볼 수 있겠지만, 나는 근대를 전유하며 치유하는 목표이자 개념을 가리킨다고 본다.

이런 측면에서 극복보다는 공생에 논의의 초점을 맞출 필요가 있다. 어차피 극복은 공생으로 수렴되어야 의미가 있다. 세계화가 곧 서양화로 이해되고 그 세계화를 어떤 면에서 극복하는 것이 우리로서 급선무라고 해서 서양을 하나의 반명제로 단순화시키는 것은 서양화의 과정에서 일어난 오류(예로, 오리엔탈리즘이나 식민주의)를 다시 반복하는 것밖에 안된다. 이런 오류를 피하면서 문제를 해결하는 길은 퍽 지난하다. 상대를 인정하면서 동시에 나를 인정받는 일은 그리 쉽지 않기 때문이다. 요컨대 서양을 '극복'한다는 것은 자체의 특수한 진실을 지닌 서양의 지식 구조와 오류를 지적하고 보완하며 발전시켜나가는 일이다. 이는 현재 탈근대주의와 탈식민주의 이론가들의 주요 화두이며 세계 체제론의 중심 주제이기도 하다. 동시에 '극복'이 다른 한편으로는 세계 체제의 중심부의 문명이 성취한 가치있는 문물과 경험을 배우는 것을 의미하기도 한다는 사실을 기억할 필요가 있다.

예를 들어, 20세기 들어 영국에서 영문학이 학문의 주도권을 얻은 것은, 일부 지배 계급을 중심으로 한 영국의 민족주의가 전시에 독일에 대항하는 역사적 해결책을 적어도 정신적으로 찾아보고 위안을 삼으려는 데서 나왔고[3], 또 지금 점점 더 무소불위의 힘을 얻어가는 영어(English)라는 괴물도 그러한 종류의 학문 외적 요인의 산물이다. 영문학이나 영어가 세계화와 무슨 관련이 있느냐 하고 반문할 수 있으나, 적어도 세계화가 자본의 전지구적 지배와 함께 문화의 획일화로 나타나는 상황에서 영문학이 우리 사회에서 지배적인 학문으로 대접받고 영어가 광풍처럼 우리를 휘감는 현실은, 그들이 원래 학문적으로 더 체계가 잡히고 가치가 있는 등등의 이유에서가 아니라 그만큼 세계화 또는 근대화의 영향이 문화의 차원에도 뿌리깊이 스며들어 있다는 말이 된다. 그러나 그렇다고 순수한 국어만 고집하거나 영어공용화를 주장하는 것은 현실을 적절히 고려하지 못한 채 이편저편의 편 가름을 하는 것처럼, 또는 잘해야 체제 순응적 태도로 보일 뿐이다. 이런 논의는 소위 표준 영어와 관련하여 탈식민주의의 관점에서 비판적으로 논의되어왔던 것 같으나, 그러한 비판적 인식이 실질적으로 어떠한 대처 전략 내지 실천으로 이어졌는지는 우리나라의 주변부적 상황에서 점검해볼 필요가 있는 것이다. 같은 맥락에서 미국식의 탈근대주의 대중문화의 전지구적 범람에 대항하는 길을 찾는 동시에 우리의 국가적 정체성을 재구성하면서, 이를 세계화의 허실을 날카롭게 지적하는 국제적 연대로 연결시키는 것이 중요하다. 여기서 '국제적 연대'도 세계화가 아닌가 하는 의문이 들 수 있다. 그러나 여기서 말하는 '국제적 연대'는 세계화의 획일화된 전체성에 대항하는 전선을 국제적으로 펴자는 것이지, 그 자체가 또 하나의 획일화된 전체성을 지향하는 것은 아니다. 따라서 '국제'라는 말에 너무 신경 쓸 필요가 없이, 그 실질적 역할을 따져보는 일이 중요하다.

지금까지 세계화를 근대에서 어떤 한 문명이 지구 전체를 자기 이미지와 구조로 전체화한 현상으로 비판하는 관점을 얘기했다. 지중해학은 이러한 관점에서 논의되어야 한다. '유럽의 지중해'는 세계화의 시대에서 나타난 근대적 이념의 허구적 결과이자 현상일 뿐이며, 그 너머에 있는 지중해의 실체를 재현할 필요가 있다. 지중해를 말할 때 페니키아 혹은 그리스와 로마의 바다로서뿐만 아니라 아프리카와 이슬람의 바다로 말해야 하며, 더 나아가 '우리의 바다'로 바라보아야 하는 것이다. 바꿔 말해 동양과 서양의 구별이 없었고 다만 다양한 문명들의 어우러짐만 있었던 시공으로 지중해의 실체를 우리 앞에 재현하자는 것이다. 마찬가지로 세계화가 서양화나 근대화와 크든 작든 일정 부분 공유하는 측면이 있고, 또 그것이 하나의 현실 또는 실체로서의 동양을 무시하는 처사로 연결되고 있다면, 거꾸로 거기에 대항하는 길은 현실 또는 실체로서의 서양과 세계를 인식하는 것이 될 것이다. 이럴 때 서양과 세계는 허구적이고 일방적인 재현으로서가 아니라, 동양과의 네트워크를 형성하는 컨텍스트 속에서 파악된다. 그렇게 지중해의 실체를 찾고 구성하는 노력은 세계화의 전체성을 치유하는 새로운 문명과 사고의 모델을 상상하려는 노력과 통한다. 그렇게 인식하는 것 자체가 지중해를 '우리의 바다'로 보는 발상에서 나오는 성과다. 바로 이런 차원에서 우리는 허구나 망상, 선입견, 그리고 막연한 동경이 빚어낸 꿈이 아닌, 엄연한 현실 또는 실체로서의 지중해를 바라보아야 하는 것이다. 이런 측면에서 결국 지중해를 논의하자는 것은 서양 문명의 근간을 이룬 지중해의 고정된 기호가 아니라 그 자체로 변화하고 생성하는 '실체'를 보자는 것과 같은 말이다.

지중해학의 현주소

2003년 5월 나는 헝가리의 부다페스트에서 열린 제6차 지중해학회(Mediterranean Studies Association) 국제학술대회에 참가했다. 현재적 맥락에서 지중해라는 시공간에 관련하여 나올 수 있는 논의들을 모두 한 자리에 묶고, 또 그렇게 하는 의미를 극대화하는 자리였다는 점에서, 세계화 시대에서 지중해학의 가능성을 점점 더 구체화시켜나가는 대회였다.

대회의 특별 주제는 '중부 유럽과 지중해의 교류'를 점검하는 것이었지만, 그 외에 일반적으로 논의될 수 있는 주제들이 반 이상을 차지하고 있었다. 예를 들어, 셰익스피어 같은 작가나 클레와 모네 같은 화가들의 지중해 경험, 라틴아메리카의 오리엔탈리즘과 지중해의 관계, 오스만 제국의 역사, 지중해의 시공을 가로지르며 일어난 예술사의 여러 현상들, 종교의 교류와 충돌, 고대와 중세, 르네상스 시대에 이루어진 문명교류의 현장들, 세계화에 대처하는 이슬람권의 자기비판과 극복의 노력, 유럽문학과 영화에서 나타난 로마의 재현들의 비교, 지중해 각 지역의 역사적·사회적 문제들의 검토, 연극과 음악, 그리고 여행기 등을 통해본 지중해 네트워크의 작동, 지중해 소지역들의 상호 비교를 통해본 국민국가의 정체성 문제, 현재 지중해에서 세계적 차원과 관련하여 일어나는 군사적·정치적·경제적 문제들, 러시아의 지중해적 성격 등등 대단히 다양한 주제들이 대회를 채우고 있었다. 다양하긴 하지만, 그러나 그들을 함께 아우르고 가로지르는 일정한 맥은 당연히 지중해라는 실제 시공이었다.

아쉬웠던 점은 동아시아에서 참가한 학자는 단 한 사람뿐이었다는 점이었다. 아직 지중해학이 본격 궤도에 오르지 않은 탓이 클 것이다. 그것은 역으로 동아시아의 역할이 아직 빠져있다는 말이고, 이는 다시 동아시아 학자들의 참여가 절실히 요청된다는 뜻이기도 하다. 역사적으로 실크로드는 로마와 한반도를 이어주었고 지리적으로 지구상에는 지중해와 카리브 해와 함께 황해라는 '지중해'가 존재하는 것을 생각해볼 때 동아시아가 지중해에 관여하는 것은 당연한 것이다. 더욱이 지중해에 대한 연구는 무엇보다 문화적인 개념으로 접근하는 것이 적절하다고 볼 때, 동아시아적 관점은 거기에 필수적인 요인으로 작용해야 할 터이다. 왜냐하면 지중해 문제는, 세계화의 시대에서 어느 한 지역의 문제가 고립된 것이 아니듯이, 우리의 문제이기 때문이다. 지중해의 모델은 지중해 자체뿐만 아니라 그것을 연구하고 세워나가는 사람들이 속한 각 지역의 문제들을 논의하는 데 도움이 되고, 나아가 세계화에 대한 일정한 견제와 비판까지 가능하게 한다. 그러한 지역 동질성의 확인과 그들 사이의 교류의 연구가 소위 지역학의 원래적 목적이라고 보면, 지중해학은 지역학의 정체성을 제고하고 수립하는 데에도 기여를 하는 셈이다.

이렇게 가능성이 열린 학문임에도 불구하고, 그리고 학술대회에서 발표된 대부분의 논문들은 주제가 다양하고 흥미로웠음에도 불구하고, 아카데미즘에 젖어있다는 느낌을 지우기 힘들었다. 지중해는 여전히 하나의 은유이고 상징이며 과거였다. 그에 비해 유럽연합(EU)은 지금 극명한 실세로 떠오르고 있고 미국의 패권주의는 맹위를 떨치고 있다. 이들은 저마다 우리 인류의 현실을 서양 문명이 주도하는 세계화의 각축으로 만들고 있다. 지중해학이 아카데미즘으로 흐를 때, 지중해는 이러한 강력한 서양 중심주의에 휩쓸려 세계화가 추구하는 전체화에 대항하는 그 고유의 기능을 상실할 것이라는 생각을 한다. 한반도가 그러하듯이, 지중해도 세계화의 모순이 집결된 시공이다. 먼 나라 얘기가 아니라, 그야말로 모든 것을 하나로 묶는 세계화의 시대에서 함께 고려해야 할 우리의 시공인 것이다. 지중해학회에 참가하면서 나는 지중해학이 우리의 학문과 지식세계에서 추구해야 할 새로운 영역이라는 확신을 더 강하게 가졌다.

지중해학이라면 국내에서는 물론이고 해외에서도 그 자체로 논의되기는 세월로 십 년을 간신히 넘긴 새로운 분야다. 그러나 지중해라는 시공은 인류의 모든 문명이 시작되었거나 교류를 통해 서로를 구성해나갔던 시원(始原)의 특징을 지니고 있다. 그만큼 인류의 활동의 현장이었던 동시에 그 역사의 기록과 연구의 대상이 되어왔던 곳이다. 그렇게 보면 지중해학이라는 학문은 그리 낯선 것이 아니며, 내용으로는 이미 오래전부터 익숙하게 행해져온 것이라고 할 수 있다. 다만 구태여 지중해학이라는 학문의 옷을 입혀 하나의 경계 아닌 경계를 만든 것은 그럴 만한 현재적 필요성이 있기 때문이다.

앞에서 언급한 바와 같이 지금 우리는 절정을 향해 치닫는 세계화의 물결에 몸을 싣고 있다. 세계화는 인류 문명을 하나로 통합하는 기능을 갖고 있으며, 전체화라는 부정적인 측면과 인류의 새로운 보편적 가능성의 실현이라는 긍정적인 측면으로 이루어지고 있다. 그런 상황에서 당연히 부정적인 면은 거부하고 긍정적인 면을 살려야 할 터이다. 지중해학은 이런 측면에서 세계화에 대한 대처의 방안과 모델을 제공해준다. 그 초점은 문명의 교류라는 아이디어에서 찾을 수 있다. 즉, 지중해에서 일어난 문명의 교류는 정치, 경제, 사회, 문화, 종교, 언어, 역사 등 인간의 삶을 둘러싼 모든 국면에 걸친 것이었고, 이를 총체적으로 연구할 때 우리는 문명의 교류라는 관점에서 현재 우리가 당면한 세계화의 문제에 대한 새로운 비전을 가질 수 있는 것이다.

그러나 이렇게 중요한 의미를 갖는 지중해에 대한 연구는 본격적으로 이루어지지 않았거나 산발적이었다. 무엇보다 지중해는 다양한 작은 문명과 지역들이 각자의 정체성을 유지하는 동시에 서로 침투하고 관련하여 일어나는 시공이라는 면에서 그 전체를 하나의 일관된 연구 단위로 보아야 제대로 드러날 수 있다. 다시 말해 전체가 언제나 함께 고려되어야 하는 하나의 틀과 양상으로서의 지중해를 생각해야 한다는 말이다. 따라서 지중해에 대한 연구는 어느 한 분과학문으로 충족될 수 없고, 어느 한 역사적 시기에 국한될 수 없으며, 어느 한 지역에 국한될 수도 없다. 그야말로 전방위적인 동시에 일정한 관점을 확보한 접근이 필요하다.

지중해는 근대 서양 문명의 전개와 모순이 총집결된 핵으로서, 인류 문명의 대안으로 제시될 특이한 모델이다. 지중해의 다양성과 상관성이라고 해서 반드시 이 둘이 조화를 이룬다는 전제를 내세우는 것은 아니다. 다만 이 둘은 지중해를 바라볼 수 있는 일종의 환원적 범주들일 뿐이다. 어떤 면에서 지중해는 다양하고 어떤 면에서는 그 다양한 부분들이 서로 관련을 맺으며 변화한다. 그 두 측면이 서로 어떠한 양상을 이루는지를 있는 그대로 살펴보자는 것이 지중해학의 목적이다. 그러나 반복하건대, 간과해서는 안될 것은 지중해학이 운명적으로 근대분과학문들 사이의 협업을 조건으로 한다는 점이다. 따라서 지중해학을 또 하나의 새로운 분과학문으로 만드는 것은 대단히 잘못된 목표일 것이다. 그럼에도 불구하고 손에 쉽게 잡히지 않는다는 이유로 지중해학을 분과학문의 좁은 테두리에 넣으면서 보다 선명하게 체계화시키려는 오류는 의식적이든 무의식적이든 빈번하게 행해질 가능성이 있다. 그런 오류를 저지르지 않기 위해서 가장 중요한 것은 지중해라는 현실체를 보는 것이다. 과거와 현재의 지중해에서 어떤 일이 일어났는지, 앞으로 어떤 일이 일어날 것인지를 살피고, 그런 일들이 우리의 입장에서는 어떤 의미를 지니는지를 생각할 필요가 있다.

지중해학의 조건4)

지역학과 지중해학

이 책에서 얘기하는 '지중해'는 궁극적으로 하나의 문명적 모델이고 이론적 구성물이지만, 어디까지나 유럽과 아시아, 아프리카로 둘러싸인 바다와 그 연안 지역들의 환경, 생태, 역사, 지리, 종교, 언어, 정치, 경제 등의 측면에서 여러 실체들을 품고 있는 기호이기도 하다. 따라서 그 실체를 제대로 보는 작업이 우선 중요하다. 그 위에서 지중해학이 목표로 삼는 지중해적 사고와 이론 틀을 구성할 수 있을 것이다.

지중해를 하나의 현실체로 보는 일에 큰 도움이 되는 것은 지역학이라는 새로운 학문이다. 지역학은 최근 들어 세계의 변화, 특히 국제관계의 질서를 분석하는 적절한 도구로 떠올랐다. 지역학의 강점은, 이론과 지식은 객관적·보편적이 아니고 현실의 변화에 따라 같이 변화해야 한다고 보면서, 현실에 대한 실질적이고 실용적이며 유연한 접근을 가능하게 한다는 점에 있다. 그러나 기존의 지역학은 지역 단위를 민족과 국가 따위의 근대적 개념들이나 인위적으로 만들어진 경제적·정치적 연합체들, 또는 전통적으로 기정 사실화되어온 문명권이나 지리적 위치 등으로 분류하여 어느 정도 단위의 통일성을 갖추는 한편, 현실에 대한 실용적이고 유연한 접근을 제대로 살리지 못한 측면이 있다. 예를 들어 그 범위는 다음과 같이 정의되었다.

지역학에서 지칭하는 지역이란 지방이나 지역 사회의 의미도 포함하지만, 일반적으로 한국, 중국, 일본, 미국, 러시아, 인도 등 국경선에 의해 구획된 지역이나, 또는 '아시아-태평양경제공동체(APEC)', '동남아국가연합(ASEAN)', '유럽연합(EU)', '북미자유무역지대(NAFTA)' 등 정치, 경제적 목적이 일치하여 조직된 지역, 유교권, 기독교권, 이슬람교권, 불교권 등 동일한 종교나 문화를 공유하여 구분된 지역 등을 말한다. 또한 아시아(동북아시아, 동남아시아, 남아시아, 서아시아), 중동, 아프리카, 북미, 중남미, 유럽(북유럽, 서유럽, 동유럽, 남유럽, 중유럽), 대양주 등 지리적 위치에 의해 구분된 지역이 역사의 흐름 속에서 유사성을 공유하게 된 경우도 있다.[5]

이렇게 정의된 지역학의 적용 범위는 구태의연한 진술로 비판될 수 있다. 사실상 학계에서 지역의 단위에 대해서 지금까지 합의된 것이 없고, 지역 단위 설정의 혼돈에서 지역 연구의 방향이 제대로 잡히지 못한 측면이 큰 만큼, 지역학에서 적절한 지역 단위를 설정하는 일은 중요한 의미를 지닌다. 이런 측면에서 야노 토루가 제창한 '세계단위'라는 개념은 시사하는 바가 작지 않다. 야노 토루는 『지역연구와 세계단위론』에서 '세계단위'를 "그 자체가 정확한 존재 이유를 갖는 지역 단위"라고 규정하면서, 지역학의 연구 대상으로서의 지역 단위는 무엇보다 그곳에 살고 있는 주민들의 생활과 세계관, 그리고 그들이 만들어내는 네트워크에 의해 결정하는 것이 좋다고 말한다.[6] 지역학은 절대주의와 결정주의에 반하고 민족주의와 국가주의를 철저히 배격하며 "지역 주민이 공통적인 세계관을 가지는 범위"(위의 책, p.9)를 지향한다는 것이다. '세계단위'의 개념은 종래의 지역학에서 나눈 범주들의 단위, 또는 그 구분 방법이, 이러한 실질적인 지역학의 효과를 방해한다는 반성에서 나온 듯하다. 이런 생각은 지중해처럼 언어, 문화, 종교, 정치, 경제 등 모든 측면에서 극도의 다양성을 보이면서도 하나의 통일된 지역 단위로 묶을 수 있는 (지역이라기보다는) 시공에 대한 접근 방법으로 일단 꽤 유용하게 보인다.

지역성을 성립시키는 고유한 논리를 분명히 하고, 세계적인 시야로 그 지역성과 고유성을 일반화할 수 있는 가능성을 찾는다는 면에서, "강좌 현대의 지역연구" 시리즈[7]에서 야노 토루를 비롯한 일군의 일본 학자들이 개진한 논의는 큰 호소력이 있다. 또, 그들이 '근대화론'과 같은 사회진화론의 잔재가 남아있는 발전론은 정당성이 없다고 보는 것이나, 정책 과학적 성격을 띤 지역학을 인정하지 않는 것, 식민지 연구에서 비롯된 과거 미국과 유럽의 지역학과 분명히 구별되는 새로운 접근 방법을 내세우는 것은 수긍할 만하다. 그러나 이렇게 진일보한 지역학의 개념을 지중해라는 단위 혹은 시공에 대한 접근 통로로 충분하게 활용하기 위해서는 면밀한 검토가 필요하다. 무엇보다 야노 토루의 논의는 지중해에 전혀 적용되지 않고 있으며, 지중해에 면한 지역들을 단지 유럽과 중동, 아프리카로 분할함으로써 자신의 진일보한 생각을 적절하게 적용하지 못하고 있다.

지중해는 복수의 작은 지역 단위들이 저마다의 정체성을 유지하면서 하나의 큰 지역 단위를 이룬, 독특한 시간들이자 공간들을 가리킨다. 지중해는 지리적으로는 유럽(서유럽, 남유럽, 동유럽)과 중동, 아프리카를 포괄하고, 종교적으로는 기독교와 유대교, 이슬람교가 혼재하며, 문명적으로 헤브라이즘과 헬레니즘이 공존하고, 언어 면에서도 라틴어와 그 속어들(이탈리아어, 프랑스어, 스페인어, 포르투갈어, 루마니아어)과 함께 그리스어, 아랍어, 터키어, 유대어 등 다양한 주요 언어들이 분포하는 지역이며, 또 환경과 문화에서 서로 합종연횡과 이합집산의 역사를 만들어낸 곳이다.

이러한 독특한 성격을 지닌 지중해를 과연 하나의 지역 단위로 묶을 수 있는가? 그렇게 묶어야 할 이유는 무엇인가? 또 그렇게 하나로 묶은 지중해 지역 단위에 어떻게 접근할 것인가? 이런 물음들에 대한 대답은 언어, 역사, 문화, 종교, 정치, 경제, 사회 등 여러 분야에 걸친 학문의 협동 연구를 통하여 이루어져야 한다. 이런 전방위적인 접근이 특히 지중해학에 필요한 이유는 지중해라는 특수한 현상 내지 대상을 생각하면 쉽게 이해가 간다. 예로, 한 사람이 지중해에서 통용되는 언어들인 프랑스어, 스페인어, 이탈리아어, 아랍어, 그리스어, 라틴어, 유대어 등에 정통하기는 힘든 일이다. 결국 다양한 언어와 역사, 문화의 전문 지식을 갖고 있는 각각의 작은 지역 단위들의 전문가들이 모여서 집단으로 접근해야 한다. 그러나 그러한 접근은 대단히 방대한 것이어서 그에 대한 일정한 지침을 필요로 한다. 여기서는 그 준비 단계로서, 그러한 접근의 필요성과 당위성 그리고 방향을 우선 확보하고자 한다. 그 이전에 지금까지 나온 지중해 연구의 성과를 살펴보기로 하자.

지중해학의 예들

브로델(Fernand Braudel)의 『필립 2세 시대의 지중해와 지중해 세계 *The Mediterranean and the Mediterranean World in the Age of Philip II*』(1972)는 분명 지중해 세계에 대한 총체적인 지역 연구서이지만, 지중해를 지리적인 측면에서만 통일체로 다루면서 시대적으로도 16세기에 국한시키고 있다. 브로델의 업적은 지중해를 특이한 하나의 지역 단위로 묶은 것이지만, 그 통일성에 입각한 단위성이 16세기를 전후한 고대와 중세, 또 근대 이후에는 어떠했는지는 다루지 않고 있다. 그 통일성이 어떻게 발견될 수 있는지, 어떤 역사적 연속성에 의해 그 통일성이 유지되어왔는지를 살펴볼 필요가 있다.

괴타인(Goitein)의 여섯 권으로 된 『지중해 사회 *A Mediterranean Society*』[8]는 경제, 사회, 종교 등 지중해 세계를 전반적으로 다루고 있지만, 그 범위는 아랍 세계에서의 유대 공동체를 다룬 것이어서 지중해를 전방위적으로 다룬 책으로 볼 수는 없을 것 같다.

이와 같은 한계를 극복하기 위해 2000년에 호든(Peregrin Horden)과 퍼셀(Nicholas Purcell)이 출판한 『오염의 바다 *The Corrupting Sea*』[9]는 지중해에 대한 전방위적인 접근에 충실한 책으로 보인다. 특히 경제와 사회, 환경, 생태, 인류학, 종교, 지리 등의 분야에 고루 지면을 할애하면서, 이들이 함께 구성해온 지중해의 역사를 탐구한다. 지중해를 하나의 단위로 다룬 책으로는 브로델 이후 처음 나온 역작으로 보인다. 특히 선사시대와 고대, 중세의 비교 연구를 충실히 함으로써 브로델을 보완하고 있으며, 문학 작품에 대한 해석, 기록 문서에 대한 문헌학적 접근, 고고학, 과학적 조사 연구, 그리고 사회 인류학 등의 학문적 성과의 도움에 의지한다는 면에서 지역학의 특성을 잘 구현하고 있다. 이 책은 브로델 이후에 지중해에 대해 작은 지역들의 접근으로만 이루어진 연구를 다시 지중해라는 큰 단위의 연구로 전환시켜야 할 필요성을 지적한다.

이 세 책들이 지금까지 나온 지중해학의 경향과 성과를 모두 포괄한다고 보기는 힘들겠지만, 그 대략적인 윤곽을 보여줄 수는 있는 것 같다. 지중해 일반의 본격적인 연구가 그 가치에 비하여 두텁게 진행되지 못한 것은 부정할 수 없는 사실인 듯하며, 이러한 인식과 정황에 근거하여 지중해를 하나의 지역 단위로 놓고 연구해야 할 당위성과 가치 그리고 그 의미를 따져보고자 한다.

지중해학의 방향

'지중해'의 의미

나는 기존의 지역학의 성과들을 참조하고 있지만, 분명한 것은 지중해학은 지역학의 일부이거나 그 연장으로 논의되기보다는 독립적인 새로운 학문으로 생각되어야 한다는 점이다. 지중해는 일반적으로 유럽과 아시아, 아프리카의 세 대륙으로 둘러싸인, 현실 세계의 특정한 지역을 가리키는 말이다. 그러나 보통명사로 생각하면 글자 그대로 '육지로 둘러싸인 바다'로서, 거기에 해당하는 지역들은 지구상에서 여럿이다. 이 책에서 '지중해'는 지리적 의미와 개념적 용어의 두 측면에서 사용된다. 문맥에 따라서 그 둘의 사용이 구별될 것이다. 중요한 것은 문명 교류의 모델로서 지중해학을 상상할 수 있으려면 지중해를 지리적 개념만이 아니라 보통명사로도 생각할 수 있어야 한다는 점이다. 지중해에는 역사가 들어있고 이념이 들어있으며, 지리를 말할 때에도 인간의 관점과 상상력이 녹아있는 소위 인문지리학적인 개념이 들어있다. 지중해를 말할 때에는 단순히 지리적 의미가 아니라 대단히 깊고 넓은 논의를 요구하는 하나의 문제적 용어로 대할 필요가 있으며, 많은 논의가 이루어진 후에는 마치 맥루한(Marshall Mcluhan)의 '지구촌'이라는 용어가 지리적 의미가 아니라 문명적 차원의 문제제기의 용어이듯이, 보편적 개념으로 취급되어야 한다.

따라서 '지중해 문제'는 기존 지역학의 범주에 머무르면서 거기서 말하는 지역 단위의 폭을 넓히는 문제라기보다는 기존 지역학의 분류 범주와 기준을 위반하며 지중해를 하나의 새로운 단위로 묶는 작업에 더 가깝다. 지역학이 실질 문제의 해결을 위한 수단이라는 실용적인 목적을 지닌다면 지중해학은 그런 목적을 껴안을 수 있으며, 동시에 실용성에만 머무르지 않고 세계화라는 당면한 우리의 새로운 현실에 대처하는 새로운 담론으로 구성한다는 차이가 있다. 일방주의와 전체화로 흐르는 현재의 세계화의 과정은 역설적으로 지중해학이 구성될 환경을 조성했고 세계화를 반성하고 보완하는 역할을 하도록 이끈다. 세계화의 흐름에서 우리는 예컨대 동아시아 혹은 동북아시아 공동체의 한 모형을 상상하려 노력하고 있지만, 그것은 추상적이고 실험적인 모형이 아니라 실제 삶과 경험의 결과이며 재현이어야 한다. 마찬가지로 지중해학도 역시 지중해라는 실제 삶과 경험에 토대를 둔다. 그런 지중해학은 본질주의를 경계한다.

기존의 지역 단위 구분들은 지역 주민들이 같은 세계관을 공유하는 범위나 정치적·경제적 목적이 일치하여 조직된 지역, 동일한 종교나 문화를 공유하여 구분된 지역 등, 가치관이나 정치적·경제적 이해관계, 종교나 문화의 공유성을 내세운다. 또한 지리적·생태적 공통성이 기준이 되는 경우도 있다. 이런 것들은 다 올바른 접근 방법들이긴 하지만, 지중해는 그런 안정된 구분 안에 끼워 넣기보다는 좀 더 문제제기의 성격을 지닐 필요가 있다. 위의 일반적인 잣대로 지중해 세계를 들여다보면 맞지 않는 면들이 많다. 실제로 지중해 세계에 걸쳐 있는 유럽 기독교세계와 아랍 이슬람세계 사이에 가치관이나 종교의 공유가 있을 수 없고, 종주국 유럽과 식민지 아랍 그리고 아프리카 사이에 정치와 경제의 이해관계의 일치를 기대할 수 없기 때문이다.[10)]

그럼에도 불구하고 지중해가 하나의 지역 단위로 살아있다는 것은 앞서 말한 이질적인 것들이 지중해에서 실제로 서로 중첩되고 어우러져 밀접하게 관련을 맺고 있다는 것에서 확인된다. 그것이 지중해 문명이다. 지중해의 문명은 다양한 작은 문명들이 서로 관계를 맺으면서 생멸하는 그 변화로운 실체로 구성된다. 나중에 상술하겠지만, 예를 들어 로마는 분명 한때 지중해 세계 전체를 지배했던 문명이었지만, 로마 문명이 살아있었을 때 지중해 문명이 구현되었고 로마의 몰락과 함께 지중해 문명이 사라졌다고 말하는 것은 적절하지 않다. 또한 로마 제국이 붕괴하고 7세기경 이슬람 세력이 지중해에 진출하면서 지중해 세계가 파괴되었다는 것도 틀린 말이다. 로마는 그 자체로 다원적이고 복합적인 그리스 문명을 계승했고 융합적인 헬레니즘 문화의 영향도 받았으며, 또 이슬람 세력의 지중해 진출은 서로마 제국이 멸망한 지 200년 후에 이루어졌고 그리스와 로마의 문명을 고스란히 받아들임으로써 지중해 문명을 이어받고 있기 때문이다(위의 책, p.12).

나는 이러한 정수일의 견해에 동의하며 지중해의 모든 문명들의 명멸 자체가 지중해 문명을 구성한다고 생각한다. 그러나 지중해가 하나의 몸체로서 유기체를 이룬다는 그의 견해(위의 책, p.12)에는 동의하기 어렵다. 유기체란 마치 손가락 하나가 몸에서 떨어져 나오면 그 기능과 생명을 상실하는 것처럼 전체와 부분이 완벽하게 하나로 되는 관계를 의미한다. 그것은 전체와 부분이 매끄러운 관계를 이루는 이면에 부분들 고유의 성격을 왜곡하거나 생략할 위험을 지닌다. 내가 생각하는 지중해가 이루어내는 관계는 지중해에서 일어났던 각 문명들이 시간적으로 공간적으로 따로 독립되어 존재하면서 동시에 전체에도 연결되는 그런 관계다. 유기체가 빈틈없이 짜인 구조를 가리킨다면, 지중해는 유기체보다는 가능 세계에 해당된다. 가능 세계는 지금 여기의 실체를 포괄하면서 동시에 그를 넘어서는 어떤 지향점을 설정해준다. 가능 세계는 동일성의 연속으로 이루어진 유기체의 차원에서 벗어나는 영역이며 우리를 그 영역으로 안내하는 지표의 역할도 한다. 그런 면에서 지중해의 모든 문명들의 명멸 자체가 지중해 문명을 구성한다는 것은 그 문명들 각각이 유기체적으로 얽혀있으면서 앞선 시대와 뒤에 오는 시대가 유산을 물려주고 발전시키는 관계에 있다는 뜻이 아니다. 우리는 그러한 통시적인 고찰을 벗어나 개개의 시대들, 개개의 문명들을 지중해라는 네트워크를 통해서 하나하나 들여다볼 필요가 있다. 그럴 때 지중해는 인과관계를 지닌 시간적 동일성의 연속보다는 불연속적인 단면들의 상호적인 재전유들(re-appropriations)의 총합으로 파악될 수 있다. 이는 시간의 연속성에 따른 서열화된 인식의 습관에서 벗어나는 것을 의미한다. 이럴 때 고대와 중세, 근대라는 시간적 배열로 역사를 읽어온 서구의 전통적 역사관에서 벗어나 지중해의 실체를 바라볼 수 있다.

이러한 방식의 사고는 탈근대적인 유회, 아도르노(Theodor Adorno) 식으로 말하면 '비동일화의 사고'에서 나온 것이다. 아도르노의 '비동일화의 사고'는 개념이 되지 못한 것을 개념에 의해 개시(開示)하고 동시에 개념에는 동화시키지 않는 사고의 지평을 제시한다. 개념이 되지 못한 것, 개념의 외부에 흩어져있는 것을 가능 세계로 본다면, 우리는 아도르노의 비동일화의 사고를 통해 지중해라는 가능 세계를 하나의 개념(지리와 역사 등으로 규정해온 지중해라는 개념)을 통해 우리 눈앞에 드러내는 동시에 그 개념에 속하지 않는 지중해의 또 다른 가능 세계들을 상상하고 조명할 수 있다.

중요한 것은 가능 세계를 동일성의 연속에서 드러내고 지시하는 동시에 그러한 연속에서 벗어난 영역들을 조명함으로써 그들이 동일성의 영역에 가두어지지 않도록 하려는 노력이 실체를 제대로 보기 위해 필요하다는 점이다. 이는 리오타르의 해결과 비슷해 보인다. 리오타르는 "전체와 개체, 개념과 지각의 통일"에 대한 향수를 거절한다.[11] 이는 전자의 항목들이 후자의 항목들에 대한 지배권을 갖는 구도를 거부하는 것이다. 전체와 개념의 보편화 과정에서 개체의 지각이 묻히는 것은 방금 앞서 말한 아도르노의 '비동일화의 사고'를 통하여 지양될 수 있다. 전체와 개념에 묻히지 않는다는 것은 전체와 개체, 개념과 지각을 통일시키는 동일화의 체계에 휘말리지 않는다는 것이다. 이를 위해 인식론적 단절이 필요하다. 즉, 통시를 횡으로 가로지르는 공시의 인식과 공시를 종으로 꿰뚫는 통시의 인식이 함께 필요하다.

이 책에서 굳이 지중해의 '시공'이라고 말하면서 시간과 공간을 더불어 놓는 것에는 역사의 시간적 단층들을 공시적으로 현재화하여 나란히 재배열하고 또 지리적 공간들을 통시적으로 관통하여 비교한다는 생각이 들어있다. 다시 말해, 시간의 연속에 따른 발전론적·유기체적 관점으로, 또는 단순히 공간들의 관계망으로 지중해를 바라볼 때 지중해의 복잡다단하고 연기(緣起)하는 실체'들'을 제대로 볼 수 없기 때문에 시간의 연속을 의도적으로 차단하여 여러 시간들에 속하는 공간들을 다시 배열하여 보여주거나 또는 공간들이 지닌 시간의 단층들을 비교하고 다시 생각하는 작업이 필요한 것이다. 이를 통해 지중해에 대한 과거의 유럽중심적인 고정된 이미지에서 벗어날 수 있을 것이다.

이는 지중해의 기억을 새롭게 하는 일로 연결된다. 예를 들어 기원전 3세기에 세워져 헬레니즘 문화를 꽃피웠던 이집트의 알렉산드리아 도서관은 지중해와 인도 등지에서 문헌들을 수집하여 약 50만 개의 파피루스 두루마리를 소장했으며 바빌로니아, 메소포타미아, 리비아, 인도 등에서 온 학자들이 서로 교류하던 장소였다. 491년 테오필로스 주교가 부분적으로 파괴한 이후에 645년 무슬림의 정복자 오마르가 완전히 파괴했다고 한다. 이 도서관이 최근에 다시 복원되었다. 복원된 도서관은 현재 우리 앞에 놓여있으면서 고대 지중해의 교류의 기억들을 되살려주고, 그 도서관이 각각의 시대마다 형성했던 교류 공간의 네트워크, 그리고 천 년의 시간 동안 겪은 변화를 지금의 공간에서 다시 상상하게 해준다.

앞서 아테네의 메트로폴리스 전철역의 예에서 보듯이, 한 공간에는 시간의 흔적들이 중첩되어 겹을 이루고 있다. 그 시간의 겹은 메트로폴리스 역 주변처럼, 혹은 지질학적 지층들처럼, 하나하나 포개져 있을 수도 있고, 수백 년에 걸쳐 건축된 밀라노 대성당처럼 한 곳에 버무려져 있을 수도 있으며, 또 바다 위에 배가 흘러간 자국이 사라지듯 눈에 보이지 않을 수도 있다. 어떤 식으로든 시간의 흔적은 한 공간에 남아있기 마련이다. 하나의 공간은 시간의 인식과 함께 경험되면서 구체적인 모습을 드러내고, 시간의 흐름에 따라 변하는 공간의 수

많은 얼굴들은 한데 어우러져 현재의 모습을 이룬다.

시간 속에서 변화한 공간들을 상상하고 공간 속에서 생멸한 시간들을 추적하는 시공의 상호 재배열을 통해 우리는 기존에 형성된 지중해의 고정된 개념에서 벗어나 새로운 지중해 '들'의 모습을 상상하게 된다. 거기서 지중해는 거듭나는 재구성의 대상으로 바로 우리 앞에 떠오르는 것이다.

이념

여기서 '이념'이라는 말은 윤리를 포괄하고, 또 근대화론이나 발전론, 서구 중심주의와 같은 개념들에 대항하는 것으로 볼 때, '관점'이나 '입장'보다는 더 강한 의미를 지닌다. 그리고 방금 말한 개념들에 비해 '이념'은 훨씬 더 대항적이고 열려있으며 윤리성을 갖춘 세계관을 말한다.

헌팅턴(Samuel Huntington)의 지적에 따르면[12], 하나의 특수한 문명은 보편성을 가장하여 다른 문명들에 대해 배타적 권력으로 작동할 수 있다. 문명은 결코 가치중립적인 것으로 생각될 수 없고, 언제나 충돌과 극복의 과정과 함께 생성, 변화, 소멸된다는 것이다. 그러나 헌팅턴의 시각은 서구중심적이라는 비판을 받을 수 있다. 문명의 충돌을 통해 그가 말하는 듯 보이는 것은 서구 문명의 우월성이고, 그 우월성을 지키기 위한 전략이다. 문명의 '충돌'을 기정사실로 놓고 세계를 '공작'과 '전략'의 대상으로 삼는다는 점에서 위험스러운 패권적 발상이라는 지적을 할 수 있다.

이러한 비판적 생각은 문명을 건설하는 목적을 계몽에 두는 근대의 유럽사에 대한 반성을 제공한다. 칸트(Immanuel Kant)는 계몽이란 인간이 스스로의 미성숙에서 빠져나오는 것이라고 말한다. 계몽은 인간 세계에서 공포를 몰아내고 인간을 주인으로 세운다는 목표를 추구해왔다. 그러나 아도르노와 호르크하이머(Max Horkheimer)는 『계몽의 변증법』[13]에서 이른바 '계몽'의 역사를 추구해온 인류가 과연 그러한 목표 자체를 성취해왔는지에 대해 날카로운 이의를 제기한다. "인류는 진정한 인간적 상태에 들어서기보다 새로운 종류의 야만 상태에 빠졌다"고 그들은 진단한다. 그리고 적어도 사회적 차원에서는 그러한 야만 상태에서 벗어날 수 있는 희망의 불빛을 찾을 수 없다고 결론을 내린다. 아도르노와 호르크하이머는 계몽이 이데올로기로 퇴보하는 과정을 드러내면서 유럽중심적 이성과 문명에 대한 근원적인 비판을 가하고자 하는 것으로 보인다. 이글턴(Terry Eagleton)이 '문화 전쟁'이라고 표현하는[14] 이러한 갈등은 더 근본적으로는 문명을 야만 혹은 자연에 대립하는 계몽된 사회로 표현하는 저간의 실상을 다시 돌아보게 만든다. 특히 '문명의 충돌' 식으로 볼 때 문명의 문제는 공전만 되풀이 하고 끝없는 상대주의적 전망에 묻혀버릴 수 있으므로, 문명의 연구에서는 언제나 정치적, 역사적, 윤리적 시각을 갖출 필요가 있다.

여기서 떠오르는 물음들은 다음과 같다. 지중해가 유사한 생산 구조, 사회 구조, 문화 구조를 갖는 공동체의 집합인가?

지중해는 지중해 역내에 거주하는 사람들의 실질적이고 구체적인 정치, 경제, 사회적 관계들의 작동으로 이루어지는가? 아니면 이런 식의 지역 설정이 아닌 다른 식의 설정을 지중해에 적용할 수 있고 그래야 하는 이유들이 있는가? 있다면 무엇인가? 지중해는, 앞에서 말했듯이, 극도의 다양성을 보이는 지역들이 서로 관련을 맺으며 살아온 집합체다. 사실 현실적으로 볼 때 지중해와 같은 대규모의 동질적인 지역은 존재하지 않을 수도 있다. 또 지역의 범위가 넓어지면 넓어질수록 동질성이 행사하는 힘은 약해진다. 그럼에도 불구하고 어떤 한 지역의 가능한 동질성의 존재를 계속해서 확인하고 이를 실체화하려 노력하는 것은 지역학이 궁극적으로 나아갈 길이다. 왜냐하면 한 지역의 동질성이란 역사와 상황에 따라서 변화하게 마련이고, 거기에 맞추어 지역학은 현재적으로, 실용적으로 그리고 유연하게 연구의 단위를 바꿔갈 필요가 있기 때문이다. 그러므로 지역의 한계 또는 경계를 정하는 일은 발견보다는 재구성에 더 가까운 일이다.

이런 측면에서 야노 토루는 '발명주의'를 지역학에서 경계해야 할 것으로 지적한다. 지역학에서 발명주의란 권력의 작동에 따라 자의적으로 지역의 단위들을 구분하는 방식과 자세를 뜻한다. 이런 식의 구분은 지역의 실체를 무시한 채 지배자의 관점에서 지역을 규정짓는 위험이 있다는 것이다.15) 이런 발명주의의 극복 방법은 발명주의를 전면적으로 거부하는 反발명주의와, 일단 발명주의에 의해 구성된 지역 단위를 인정하고 그에 대한 분석과 비판을 통해 지역 단위를 재구성하는 방법이 있다. 내가 말하는 재구성은 후자에 가깝다. 다시 말해, 발명주의를 극복하는 유일한 방법은 그것을 파괴하는 것이 아니라, 그것을 해체하고 현실에 맞게 재구성하는 일이다. 이는 궁극적으로 발명의 단계를 넘어서서 재현으로 나아간다. 이때의 재현은 기존에 설정된 어떤 것을 비로소 터득한다는 의미가 아니라, 현실의 상황에 충실하게 연구의 대상을 수립한다는 말이다. 결국 재구성의 목표는 현실의 재인식이고, 이는 진정한 현실의 재현으로 나아간다.

현실, 즉 지중해의 현실을 재현하는 것은 지중해를 그것이 지닌 다양한 부분들의 상관체로서 드러낸다는 말이다. 여기서 주의해야 할 것은 그렇게 지중해를 있는 그대로 드러내는 것, 지중해의 진정한 현실을 드러내는 것은 그 현실을 이미 고정된 실체로 설정해온 근대적 오류를 답습하는 것이 아니라는 점이다. 동시에 근대적 오류라고 해서 그 가치를 아예 부정하고 묵살하자는 것도 아니다. 문제는 지중해라는 현실이 고정된 기호가 아니라는 인식 위에서 '어떤' 지중해를 바라보고 드러낼 것인지를 생각하고 살펴보고 결정해야 한다는 점이다. 그리스와 로마의 지중해, 아프리카의 지중해, 이슬람의 지중해 그리고 유럽의 지중해 등 지중해의 여러 얼굴들 중에서, 또는 새로 나타날 얼굴들 중에서, 어떤 얼굴들을 우리가 대면할 것인지 상상하고 결정해야 하는 것이다.

그런 면에서 그렇게 상상하는 주체, 그렇게 결정하는 주체의 이념적 관점과 윤리적 자세가 중요하게 떠오른다. 이들을 고려하지 않는다면, 객관성의 체계로 빠져서 살아있는 지중해를 연구 대상으로 삼지 못하고, 따라서 그 정당성을 상실할 수 있다. 지중해학의 근본은 타자에 대한 열림 또는 응답성이며, 거기서 그 응답의 주체가 갖는 입장을 생략할 수 없다. 그런 면에서 지중해학은 지중해에 대한 몰가치적이고 학술적인 지식의 확립을 넘어서야 한다. 다시 말해 지중해의 실체에 접근하는 이유와 가치를 우선적으로 따질 필요가 있는 것이다. 우리는 지중해학을 수행하는 주체의 입장과 관점을 결코 생략할 수 없으며, 이런 측면에서 지중해학은 지중해가 과연 우리에게 무엇인지를 물어야 하는 것이다.

결국 지중해학이 취해야 할 윤리와 이념은 한 지역에 대한 지배를 정당화했던 제국주의, 또는 서구 중심주의의 성격을 띤 지역학에 대항하는 의미를 지닌다. 제국주의 또는 서구주의에서 나온 지역학은 타자에 대한 윤리적 입장이 결여된, 자기중심적인 자세에서 나온 것이다. 그런 식의 지역학은 한 지역에 대한 올바른 이해보다는 경영과 지배에 가까워지기 쉽다. 그리고 이를 받치는 논리는, 근대화론이나 발전론과 같이, 먼저 앞서 나간 국가가 뒤에 처진 국가의 모범이 되어야 한다는 진화론의 형태를 내보인다. 즉, 객관적이고 절대적인 기준이 이미 설정되어 있는 것이다. 이러한 비판적 입장에서 후진 문화를 가진 지역을 연구하는 것을 지역 연구로 생각하는 미국식의 지역학과 다른 식의 지역학을 상상할 필요가 있다.

사이드는 저서 『오리엔탈리즘 *Orientalism*』에서 미국식의 '지역학'이라는 용어를 '추악한 신조어(ugly neologism)'라고 비판한다. 그것은 '강한 공간'으로서의 미국이 '약한 공간'을 지배하려는 세계적 전략과 정책에서 나온 체제로서, 학문으로서의 요건들을 갖추지 못한 채 다만 한 국가의 정책에 봉사하는 담론일 뿐이라는 비판이었다. 미국식의 지역학에서 제시하는 지역 구분에서 지중해는 빠져 있다. 아니 다른 지역들에 분산되어 흡수된 형태다. 그런 영향을 받았는지, 아니면 새로운 시각을 갖지 못해서인지, 그 이후의 어떤 지역학 책에서도 지중해는 생략되어 있다.

지중해를 올바로 재현해야 한다는 입장과 의지는 절대적이고 객관적으로 설정된 지중해를 해체하여 나름의 맥락을 지닌 특수한 시공으로 재구성하는 일에서 출발해야 할 것이다. 지중해는 제국주의적 지역학의 자기중심적이고 일방적인 자세에서 나온 객관적이고 절대적인 기준에서는 더 이상 문제가 없는 어떤 추상물 혹은 역사적 유물로 고정되어 우리에게 주어진다. 지중해학이 지중해를 바라보고 지중해학을 수행하는 주체의 입장과 관점을 기본 토대로 삼는다면, 객관적으로 설정된 지중해를 주체의 관점과 입장에서 해체하고 새로운 지중해를 구성하는 작업이 필요할 터이다.

이런 생각은 차이를 강조하는 탈근대주의와 해체론의 상대주의에서 힌트를 얻은 것이다. 그런데 여기서 두 가지를 더 고려할 수 있다. 한편으로 거기서 우리가 얻을 수 있는 것은 지중해를 나름의 맥락을 지닌 특수한 시공으로 재구성하여 지중해의 실체를 비로소 재현한다는 것이다(이에 대해서는 바로 앞 장에서 논의했다). 다른 한편으로 그러한 상대주의와 해체의 입장이 쉽게 빠질 수 있는 무책임과 생략의 논리를 경계해야 한다는 것이다. 현재 세계화는 세계 질서를 급격하게 전체화하고 있지만 한편으로 민족과 국가라는 집단적 정체성의 강력한 저항을 받고 있다. 예로, 카스텔스(Manuel Castells)는 이른바 네트워크의 정보사회는 세계화를 지원하는 동시에 집단적 정체성— 종교, 민족, 인종, 가족, 지역 —을 일깨우고 있다고 주장한다.[16] 이렇게 집단적 정체성을 강조하는 것은 세계화가 모든 차이를 너무나 간단하게 무마해버리고 변별적인 공동체들을 무차별적으로 짓밟아버렸다는 생각에서 나온 것이다. 그러나 탈근대적 상대주의가 차이 자체를 전면에 내세우는 것은 세계화에 의한 획일화에 대해 일종의 과잉 반작용을 하는 것일 수 있다.[17] 세계화가 가져올 전체화를 해체하고 지역들의 상대적인 가치를 인정하는 것은 좋지만, 그러다 자칫 예컨대 저개발국의 경제적 낙후를 지역적 특수성으로 낙인찍으면서 그를 국제 관계에서 생략해버리는 무책임한 논리가 세워질 수 있는 것이다. 같은 값으로 지중해의 특수성(다양한 정체성들의 상생)도 단지 어떤 한 지역의 특수한 경우로 보고 넘어갈 수 있으며, 지중해의 특수성을 재현하고 보편적 무대에 올리려는 우리의 시도도 그저 하나의 국지적 현상으로 무시될 수 있는 것이다.

따라서 상대주의의 논리는 보편성의 무한한 혹은 무조건적인 거부가 아니라 정체성을 지닌 개체들의 탄생과 성장 그리고 연대를 목표로 하는 가운데 실질적인 가치를 찾을 수 있다. 다시 말해 상대주의적 해체도 좋지만 상대적 존재들을 존중하는 윤리의 차원과 그들을 대변할 작은 담론들을 갖추는 일도 필요하다. 현대 사회에서 담론이란 근본적으로 한 개인이나 집단이 스스로의 존재와 입장을 표현하고 구성하는 데 필요한 것으로 볼 때, 탈근대 철학이 등장하는 때부터 그 이전에는 무시되고 소홀히 되어왔던 개인이나 작은 집단들이 저들의 담론을 구성함으로써 상대적 가치를 주장할 수 있게 된 것이다. 세계를 들여다보는 일은 그런 소외된 부분들을 조명하는 일에서 출발해야 할 것이다. 그러나 작은 담론들이 파편화되기만 한다면 의미가 없다. 그들이 다른 작은 담론들과 어우러지는 양상, 또 거대 담론과 대항 또는 보완의 관계에 서는 양상 그 자체를 만들어내고 분석하는 일이 필요하다.

말하자면 탈근대적 상대주의는 담론의 파편화가 아니라 새로운 진실을 추구하는 한에서 의미가 있다. 여기서 새로운 진실이란 서구중심적 근대화와 세계화의 과정에서 가려진 지중해의 특수성, 지중해의 참다운 모습을 가리킨다. 그것을 가려낼 주체는 세계화로부터 자유로운 시각과 자유로워질 의지를 갖추어야 한다. 나는 그것이 어떤 한 개인이나 집단이라기보다는 개인들이나 집단들 또 학문들의 네트워크라고 생각한다. 그 네트워크의 개념과 작동, 그리고 작동의 방식은 이미 지중해의 시공에서 발견되고 있다.

네트워크

야노 토루의 『지역연구와 세계단위론』에서는 네트워크의 개념을 동원하여 지역 연구의 단위를 형성한다. 이는 특히 지중해처럼 작은 지역들의 고유성이 복합적으로 얽혀있는 큰 지역을 하나의 단위로 묶는 가능성을 지닌다는 면에서 의미가 있다. 그러나 지역 단위를 올바로 설정하고 연구하기 위해서는, 네트워크를 경제와 문화, 종교, 인종, 관습, 민족, 국가와 같은 것들이 결집하여 이루어내는 하나의 총체적 현상으로 보기보다는, 정체성을 확보한 그 각각의 개별 단위들, 또는 각 지역들의 연합으로 볼 필요가 있다.

『지역연구와 세계단위론』에서 말하는 네트워크 개념은 속지(屬地)가 아닌 속인적(屬人的) 문화를 강조하여 지역 단위를 설정하려 한다. 예를 들어 중동 지역은 속지적 관점으로 네트워크를 구성하기에는 도저히 맞지 않는 점들이 있다는 것이다. 레바논의 경우, 외부로부터 레바논인이라고 불리는 사람들이라 해도 종교와 종파에 의해 그 사람들 각각이 가진 세계관이나 외부 세계에 퍼지는 네트워크는 제각기 다르다. 그 다름에 따라서 레바논은 레바논을 넘어서서 존재한다는 것이다. 또 이집트는 대표적인 이슬람 국가지만, 이집트 인구의 일 할을 차지하는 콥트(Copt)는 이슬람보다 서구와의 결속이 강하다. 다른 예로, 쿠웨이트는 이란, 이라크, 인도, 아프리카 등 여러 이질적인 지역 이민자들로 구성된 나라로서, 이들이 출신지와 연결하여 이루는 네트워크는 정치, 상업, 통혼, 그 밖의 방식으로 강하게 연결되어 있다.[18] 이런 식으로 네트워크가 복합적이고 혼종적으로 작동하는 것을 주시함으로써 지역의 특성을 파악하고 단위를 재구성하려는 것에는 이의가 없다. 단, 그 네트워크가 속지적 문화 또는 지리적 차이를 무시한 채 하나의 총체적 단위로 단단하게 묶이는 것은, 지중해의 실체를 올바르게 보지 못하게 만들 수 있다. 그렇다고 앞서 지적한 레바논이나 콥트, 쿠웨이트의 현실을 무시하자는 것은 아니다. 다만 지역학이 현재성을 띠고 변화하는 현실을 유연하게 추적해야 하는 만큼, 네트워크를 너무 인위적으로 구성한다든지, 혹은 속인적 문화를 중심으로 너무 한 쪽만 강조한다든지, 그렇게 구성한 네트워크를 너무 절대적으로 신봉한다든지 할 필요는 없다는 말이다.

지중해학의 연구 대상으로서 지중해의 올바른 연구 단위를 설정하기 위해 네트워크의 개념은 첫째, 총체성을 경계해야 한다. 이는 네트워크가 자칫 중심의 논리로 주변부의 정체성을 흡수할 위험이 있기 때문이다. 예를 들어 콥트를 서구와의 결속력이 강하다는 이유로 이집트나 이슬람에 속하기보다 서구의 주변을 이루는 것으로 취급해서는 곤란하다. 둘째, 따라서 네트워크 자체가, 역설적이지만, 느슨하고 역동적이며 열려있어야 한다. 그렇다고 네트워크의 기능이 약화되어야 한다는 말은 아니다. 느슨한 네트워크는 오히려 올바르고 실질적이며 정당한 연대로 나아가는 길이다. 느슨함이 주변부의 참여를 가능하게 하기 때문이다. 예컨대 지중해 연안 지역들은 저마다의 특수한 정체성을 지니는데, 이들을 무차별적으로 지중해라는 이름 아래 하나의 단단한 단위로 묶을 것이 아니라, 각각의 정체성을 인정하면서 하나의 또는 여러 개의 느슨한 네트워크들로 묶는 것이 좋다. 그럼으로써 여러 네트워크의 성격에 따라 각각의 지역에 대해 여러 측면을 연구할 수 있고, 또 이렇게 연구된 결과들을 다양하게 엮어서 새로운 단계의 지중해학 연구를 적절히 수행할 수 있다(구체적인 예는 4장「지중해학의 의미와 전망」참조).

이런 식의 네트워크의 개념을 연구 도구의 측면에도 적용할 수 있다. 지중해학을 위한 수단으로 아주 다양한 개별 분과 학문들을 떠올릴 수 있다. 지리, 종교, 윤리, 언어, 정치, 경제, 문학, 철학, 고고학, 인류학, 사회학 등의 인문사회과학뿐만 아니라, 생태학, 지구과학, 자연사학, 동식물학, 농학, 통계학 등 자연과학과 같이, 인간의 활동과 현상에 관계된 모든 학문을 지중해학에 동원할 필요가 있다.

그들 학문들의 연대적 접근은 서로가 결여할 수 있는 점들을 보완해준다. 특히 인문과학이 제공해주는 '자세'와 '입장'의 문제는 세계화 시대에서 우리가 반드시 갖추어야 할 덕목이라 생각한다. 학문을 견고한 분과들로 나누고 그들 사이의 소통과 대화를 단절시키는 현상은 세계화와 자본주의 세계 경제, 그리고 유럽 세계 경제와 유럽 중심주의를 통해 분과학문

체제를 지원하고 정당화해온 19세기 사회과학의 테두리에서 나왔다. 이는 학문들 사이의 소통의 부재뿐만 아니라 서구와 비서구의 대립과 지배를 조장하고 장려하는 것으로 이어졌고, 지금은 인문학의 위기를 불러일으키면서 사회과학과 자연과학 전체가 인간 사회의 복잡성에 제대로 대처하지 못하는 상황을 빚어내고 있다. 그러므로 인문학과 사회과학, 자연과학의 연대는 학문들의 소통을 첫째 목표로 하지만, 더 궁극적으로는 기존의 서구적 사고 체계에서 비롯된 '구분'의 경계를 흐리게 함으로써 서구와 비서구의 공생을 위한 새로운 사고의 출발을 마련하고, 더 궁극적으로는 급변하는 현재의 세계와 현실에 능동적으로 대처하자는 목표를 지닌다. 이는 월러스틴 식의 '통합 학문'의 역할을 재차 강조하는 것이기도 하지만, 무릇 모든 학문과 연구가 기능적으로 패턴화되어 무지와 둔감으로 덧칠된 전체성에 빠지지 않게 하려면 이념성과 정치성이 늘 개입되어야 한다고 생각한다. 이런 차원에서 지중해를 연구할 때, 그 연구는 이론과 실천의 변증법으로 채워지면서 세계의 윤리적 공생의 길에 이바지할 수 있을 것으로 본다.

한편 어떤 개별 학문은 지중해학의 적절한 도구로 쓰이기에는 그 자체로 적절치 않다는 비판도 가능하다. 예를 들어 경제학은 전지구적 규모로 진행되어온 근대화 혹은 세계화와 보조를 같이 하며 떠오른 학문으로서, 보편적 현상의 분석과 일반 법칙의 수립에 지나치게 경도되어 지역의 특수성을 고려하지 못하는 약점이 있다. 그러나 이렇게 일면 적합하지 않아 보이는 학문도 비판적 시각에서 다시 취할 필요가 있다. 예컨대 보편성 지향이라는 약점을 보완하는 것은 현재 경제학 자체의 일각에서 일어나고 있는 변화의 하나다. 즉, 새로운 정치경제학은, 기존의 경제학이 장려한 보편적 구조의 건설과 같은 무의미한 추상을 제거함으로써 우리의 지적 활동을 더욱 도덕적이고 정치적으로 실천적으로 만들자는 목표를 갖고 있다.

지금까지의 경제학을 버츄얼리즘(Virtualism)으로 비판하면서, 새로운 정치경제학을 주장하는 사람들의 의견은 이러하다. 그들에 의하면, 사실상 우리는 경제적 버츄얼리즘의 시대에 살고 있다. 거기서 우리의 삶은 경제적 사고에서 산출된 가상현실에 순응하도록 되어있다. 세계화, 다국적 자본, 구조 조정 프로그램들, 그리고 사회 보장의 쇠퇴와 같은 조짐들은, 최근 가장 강력한 분야인 경세학이 힘을 얻으면서 나타나는 것들이다. 지난 30년 동안 경제학은 경제의 연구와 관련된 아카데믹한 학문에서 더 나아가, 우리의 삶을 규정하는 방식과 우리 사회의 모든 양상을 생각하는 유일하게 적법한 방식으로 되어왔다. 경제적 모델이 먼저 나오고, 세계는 이 경제적 모델을 검증하는 무대가 된다. 이러한 경제학은 그 추상성으로 인해 비판되어야 한다. 즉, 이러한 추상적인 경제학의 힘이 커가면서 나타나는 위험한 변화는 부유한 나라와 가난한 나라의 삶의 양식을 비슷한 것으로 만드는 경향의 출현이다. 왜냐하면 경제학이 실제 현실을 외면하고 추상적이고 허구적인 현실을 그려냄으로써 차이를 무화시키기 때문이다. 세계은행(World Bank)

이나 국제통화기금(IMF), 그리고 각국 정부들은 세계를 가짜 이미지로 채색하면서 지역의 사회, 문화 조직체들을 비합리적인 것으로 비난하는 경향이 있다. 버츄얼리즘은 경제학에서 추상성이 새롭게 등장하는 표시다.19)

지중해학은 기본적으로 학제 연구의 성격을 지닌다. 학문들 사이의 느슨한 네트워크를 구성한다는 것은, 학문 분야들 각자가 책임 있는 자기 정체성을 확보하는 동시에 서로 연대를 형성하여 하나의 목표를 추구하는 것을 의미한다. 이를 위해 근대화의 과정에서 추상적이고 보편적으로 흘러온 몇몇 학문 분야들의 경향을 비판적으로 개선하고, 동시에 그렇게 개선된 새로운 진보적 형태의 개별 학문 분야들의 협동 작업, 즉 학문의 네트워크를 작동시키는, 이중적인 작업이 필요하다. 이렇게 보면 지중해학은 기존의 학문들을 서로 이리저리 관련시키고 어떤 것은 비판적으로 수용하면서 자체에 맞게 학문들을 재배치하는 또 다른 작업을 요구한다. 이는 지중해학을 위한 기반이자 그 자체로 또 다른 성과가 될 수 있다. 학문이란 결국 우리의 삶에서 나오고 우리의 삶에 녹아드는 것으로 볼 때, 지중해학에서 요구하는 재배치된 학제적 연구는 지중해라는 삶의 실체를 바로 보라는 요청과 다르지 않다. 이렇게 하는 작업 자체가 지중해 연구에서 이념과 윤리가 반드시 개입되어야 함을 말해준다.

역사

지중해는 유럽과 아시아, 아프리카를 아우르는 특이한 시공이다. 유럽의 근대화는 점진적이고 자생적이었던 반면, 아시아와 아프리카의 근대화는 급속하고 수입된 혹은 강제적인 것이었다. 물론 아시아와 아프리카의 근대화도 자생적인 측면이 있다. 그 측면을 조명하는 것도 지중해학의 일부를 이룰 것이다. 그런 의미에서 지중해의 근대화 과정은 유럽 중심의 발전론에 묻히지 않으면서 객관적 실체로서의 모습으로 조명될 필요가 있다.

유럽의 근대화가 단선적이었던 반면 지중해의 근대화는 퍽 다양했다. 그 내적인 영향 관계는 대단히 복잡하여 전체적으로 성격을 규정하기 곤란할 정도다. 그만큼 일률적 발전이 아닌, 다양성을 전제로 하는 진보를 이루어냈으며, 유럽 중심의 근대화가 빚어낸 모순성을 치유할 가능성을 내재하고 있다. 하이데거(Martin Heidegger)가 일찍이 타자의 문화와의 대화 가능성은 지구와 인류의 완벽한 유럽화에 의해 위협당한다고 경고했던 것처럼, 우리는 타자의 문화들의 진정한 대화의 가능성이 사라지는 위험에 처해있다. 그에 비해 지중해는 다양성과 차이의 경험이 있었고 지금도 남아있는 곳이다. 이 차이의 경험은 단순히 객관적으로 특수하게 고정되어 저편에 존재하는 타자를 대하는 경험이 아니라, 대화의 관계와 행위에서 대화자가 겪는 경험으로 보아야 한다.

지중해와 근대의 문제는 이렇게 타자와의 대화를 살려내는 문제에 초점을 맞출 필요가 있다. 근대의 지중해 질서는 유럽 중심으로 재편되었고 그리스와 로마의 신화도 역시 유럽중심으로 재구성되어 아프리카의 바다로서, 이슬람의 바다로서의 지중해의 기억은 묻혀 사라져버렸다. 근대의 지중해는 둔감하고 무지한 전체성의 패권적 질서가 장악하면서 지중해 고유의 다양성이 잊힌 공간이 되었다. 문제는 지중해를 타자성을 인정하는 열린 대화의 시공으로 재구성하는 일 혹은 그러한 시공으로서의 지중해를 발견하는 일이다. 이는 지중해의 시공을 대화자의 관계로 촘촘하게 짜면서 구체적으로 근대의 지중해에서 무슨 일이 일어났는지, 근대화가 어떻게 이루어졌는지 살펴보는 작업을 통해 가능하다. 이를 위해서는 근대적 형이상학과 과학의 인식론, 방법론에서 탈피한 새로운 사고와 관점이 필요하다.

근대 이전의 지중해는 동서양의 통일성과 다양성이 공존했던 시공이었다. 칼 뢰비트는 근대 이전에 지중해는 물론 전세계는 전체이며 초인간적이고 독자적이었다고 말한다.[20] 근대가 시작되면서 이분법의 거대한 구분은 시작되었다. 나는 지중해의 열린 대화의 시공을 이분법에 기초한 단선적인 근대화에 대항하는 전략적 모델로 삼고자 한다. 지중해 세계가 근대에서 몰락하는 것을 보여줌으로써 지중해 모델을 재건할 필요를 강조하자는 것이다. 이러한 전제 위에서 나의 물음은 근대는 지중해를 어떻게 나누었는가 하는 역사철학적 접근에서 시작한다. 역사철학적 접근이란, 헤겔이 작가와 역사가를 구분한

데 따라서 작가의 입장에서 근대와 지중해를 보자는 것이다. 즉, 작가는 역사를 우연과 서술의 문제로 보면서 윤리적 입장에 서는 반면, 역사가는 필연 혹은 법칙과 규명의 문제로 보면서 의지(절대적 세계정신 혹은 자유정신)의 입장에 선다. 작가의 입장에서 역사 서술의 문제를 논하자는 것은 곧 누구의 역사인가가 아니라 누구를 위한 역사인가를 묻는 탈근대 역사학의 관점이다. 이런 관점에서 열린 대화의 시공으로서의 지중해가 근대화 과정에서 깨진 이유, 그 과정의 역사적·철학적·문화적 의미를 주목하고자 하는 것은 지중해학의 한 갈래가 된다.

방금 앞에서 지중해 세계가 근대에서 몰락하는 것을 보여줌으로써 지중해 모델을 재건할 필요를 얘기했는데, 여기에는 두 가지의 방향이 있을 수 있다. 이런 공간으로서의 지중해를 발견하기 위해 어느 한 시대까지 거슬러 올라가는 일이 그 하나고, 다른 하나는 시간적 여행보다는, 전략적으로 지금 여기서의 맥락에 따라 하나의 지중해의 공간을 구성하는 일이다. 그러나 이 둘은 따로 떨어진 독립적인 작업들이라기보다는 단계의 문제라고 생각한다. 그런 면에서 이미 그 자체로 끝없는 타자화, 끊임없는 관계의 일어남, 연기(緣起)의 얼굴을 하고 있는 지중해의 시공을 우선 들춰볼 필요가 있다. 그러는 가운데 서구의 근대화에서 나타난 부정적 요소들을 가려내고, 지중해의 근대화 과정이 거대담론으로 통합되는 가운데에서도 공존의 시공으로 다양하게 펼쳐나가는 가능성을 추적하자는 것이다. 이는 둔감하고 무지한 전체성을 향해 치닫는 우리가 지금 당면한 세계화의 상황에서 지중해 고유의 얼굴을 끝없는 타자화의 열린 시공으로 살려내는 작업이다.

지중해는 고대 세계에서 상대적인 개념이었다. 플라톤과 아리스토텔레스 시대부터 그리스인들에게 지중해는 '우리 곁의 바다'였고, 로마인들은 '우리의 바다'라고 불렀다. 서력 기원이 시작되면서 남쪽으로 사하라까지 지중해 전역을 통치하게 된 로마 제국은, 이미 이전에 흡수한 카르타고와 그리스 세계를 포괄하는, 지중해의 최초의 정치적·경제적 통일체를 이루어 냈다. 이렇게 '지중해'라는 용어 자체가 떠오른 것은 로마 제국 시대였고, 문헌상의 기록은 6세기에 나타난다. 또 이슬람과 나머지 세계를 개념적으로 구분하는 경향이 있긴 했지만, 지중해의 통일성은 아랍 지리학자들에 의해 분명하게 표명되었다.21) 그러나 이런 상대적인 입장들은, 뒤집어보면, 지중해가 그들 모두가 공유하는 지역이었음을 말해준다. 물론 그들 간의 교류가 활발했던 때도 있었고, 단절되던 때도 있었다.

후기 고대(Late Antiquity)는 로마 제국이 와해되어가는 한편 동로마 제국이 성립되면서 지중해 전반에 걸친 군사적, 문화적, 정치적, 경제적 충돌과 교류가 활발히 일어난 때였다. 카메론(Averil Cameron)은 이 시기에 대한 연구가 서양사 연구에서 비교적 취약한 부분이며 그 이유는 그 시기에 이루어진 대단히 역동적인 변화와 교류의 양상을 제대로 정리하지 못한데 있다고 지적한다. 그녀는 이 시기에 대한 연구가 지중해의 단위적 연구의 가치를 한층 높여준다고 본다. 구체적으로 말해,

카메론은 게르만이 아니라 아랍과 연결하여 로마의 멸망과 중세를 다루면서, 중세에서 아랍이 수행했던 역할을 더욱 활발하고 다채롭게 조명하고, 더 나아가 지중해의 복합적인 문화의 양상을 부각시킨다.22) 그러나 그렇다고 게르만족과 고트족의 남하가 갖는 역사적 의미를 소홀히 하는 것은 아니다. 분명 그것은 서로마의 몰락과 동로마의 존속에 중요한 계기가 되었다. 다만 카메론은 로마 자체의 존속이 게르만으로 인한 서로마의 멸망이 아닌, 더 늦게 아랍의 확장에 의한 것으로 주장함으로써, 서로마가 지중해에 실질적으로 존속하는 기간을 연장하여 보고 있다(위의 책, pp.104-127). 533년 아프리카 대륙의 반달족을 공격하면서 시작되어 565년까지 이루어진 동로마 제국의 유스티니아누스 황제의 '재정복(Reconquest)'도 결과적으로 서로마의 정통성의 지속으로 파악할 수 있다. 이런 것들은 역사학적 쟁점으로 중요하게 떠오를 수 있는 지중해의 개념들이다. 이 시기에 대한 연구의 중심 주제로 카메론은 통일성과 다양성을 든다. 다양한 부분들이 서로 관련을 맺는 현상은 종교와 경제에서 분명히 나타났고, 이들에 수반되는 이념과 문화의 상호 충돌은 현재의 지중해의 다양성과 통일성의 뿌리를 보여준다는 것이다.

로마의 존속과 그로 인한 서양 세계의 통일성의 연장도 중요하지만, 7세기에 이루어진 이슬람의 확장으로 인한 동서양의 교류는 더욱 주목할 만하다. 7세기에 일어난 이슬람의 지중해 정복은 활발했던 지중해 무역을 잠재웠다. 이는 역으로

7세기까지 지중해가 살아있었다는 말이 된다. 지중해 무역은 8~9세기에 다시 살아난다. 이런 측면에서 지중해는 북아프리카와 중동을 포함하는, 또 다른 질서의 지리적 표현이었다. 예로, 브로델은 터키가 그 전성기에 "기독교 국가와 같은 리듬으로 살고 숨을 쉬었다"[23]고 말한다. 사실상 이슬람이 지중해와 공간적으로 합치되는 양상은 역사적으로 뚜렷하게 나타난다. 또 예컨대 몽고나 훈족의 확장에 의한 동서 접촉의 무대는 사실상, 전면적으로는 아니라 해도, 어느 정도 지중해의 많은 부분에 걸치는 것이었다.[24]

13~14세기 오스만 제국은 서부 아나톨리아와 남동부 유럽의 비잔틴 영토를 차지하고 기독교를 신봉하는 발칸 국가들을 속국으로 삼았다. 15세기에는 더 나아가 발칸 속국들을 직접 통치하고, 1453년 콘스탄티노플을 정복하여 동쪽으로 유프라테스 강과 서쪽으로 헝가리까지 영토를 넓혔다. 16세기 말 경에는 그 세력이 절정에 달해 발칸 제국과 중부 유럽의 헝가리, 중동, 북아프리카 지역 대부분을 포함하는 대제국을 건설했다. 오스만 투르크의 확장은 지중해의 해상 교통을 위협했고, 15세기 말에는 희망봉이 발견되면서 북서유럽과 동방이 지중해를 거치지 않고 더 안전하고 쉽게 연결되는 등 지중해의 지리적 기능이 16세기 이래 적어도 19세기 중반까지 약화되는 시초를 이룬다. 그러나 이는 지중해의 주인만 바뀌었다 뿐이지, 지중해의 네트워크는 적어도 16세기까지는 어떤 식으로든 계속 살아있었다고 보아야 할 것이다.

브로델에 의하면 16세기까지도 지중해의 바다는 그냥 바다가 아니라 무역망이 깔린 공간으로서, 단일 세계 경제를 이루고 있었다. 즉, 정치적, 문화적, 사회적으로는 구분되어 있었을지 몰라도, 분명한 하나의 경제적 단위를 이루고 있었다. 여기에는 베네치아, 밀라노, 제노아, 피렌체와 같은 북부 이탈리아 도시들이 큰 역할을 했다. 그 단위는 터키 제국의 경계를 넘어서는 것이었고, 또, 터키의 멍에 아래서 난잡해지고 굴욕을 당하던 그리스 문명이나 이스탄불에 거점을 두던 이슬람 문명, 그리고 피렌체와 로마에 본거지를 둔 기독교 문명 등 지중해를 분할하는 강력한 문명들의 경계를 초월하는 것이었다. 이것이 16세기 지중해의 단일 세계 경제의 모습이었고, 이는 정치와 문화의 경계를 넘어서는 것이었다.[25] 지중해의 세계 경제의 주도권은 1650년경 종말을 맞이하고, 결정적으로 18세기에 가면 영국, 네덜란드, 스페인, 포르투갈, 프랑스의 네트워크와 함께 대서양으로 옮겨진다. 이런 역사적 예들은 지중해가 근대 이전의 여러 시기에서 역동적인 역사의 현장이었고, 또 그만큼 다양한 문명의 교류가 일어났던, 또는 가능했던, 어떤 문명과 지역의 한 단위라는 생각을 밑받침해준다. 세계화에 대항하는 지중해의 정체성과 관련하여 이러한 문제는 대단히 시사적인 의미를 지닌다.

흔히 지중해 문명은 서양 문명의 뿌리라고 말한다. 지중해는 고대 켈트 문명 이래로 해상 무역과 국제 관계를 통하여 하나의 문명을 이루어왔고, 이는 헬레니즘과 헤브라이즘이라는 서양의 양대 산맥을 형성하는 데로 이어졌다. 월러스틴이 지적하듯이, 서양이 세계 역사에 등장하는 것은 사실상 르네상스 이후의 일이다.[26] 이른바 근대화에 성공한 것이다. 그러나 그러한 근대화와 함께 지중해가 세계와 맺어온 역동적인 상호관련성은 크게 위축되거나 사라졌고, 문명과 역사의 발전 방향은 북부 유럽 중심으로 새롭게 재편되었다. 이는 다시 말해 인류 역사의 축이 서양 중심으로 재구성되었음을 의미하고, 이로써 동양의 대부분은 생략되거나 무시되었다. 근대 이전의 지중해의 역사는, 그것이 교류였든 충돌이었든 간에, 서양과 동양이 서로 다양성을 유지하면서도 광범위한 상호관련성을 이루어낸 것이었다. 현재 지중해 연안의 국가들은 유럽과 아시아, 아프리카의 세 개의 대륙으로 분열되어있다. 지중해 연안의 국가들은 이 대륙들을 특별히 지중해를 중심으로 지중해에 속한 공통의 항으로 묶기보다는 그 국가들 자체가 각 대륙들에 속한 것으로 더 자연스럽게 생각하고 있다.[27]

근대 이전에 지중해의 역사는 여러 문명들이 다양하면서도 서로 밀접하게 관련된 교류의 과정으로 펼쳐졌던 반면 근대에서 지중해의 상관성은 찢겨져 파편화된다. 그 결과 지중해는 남부 유럽, 마그렙, 마슈레크, 중동, 아랍 국가들, 오스만 제국 등 그 종교적·인종적 이질성에 따라서 서로 구분되는 영역들로 묘사된다. 사실상 근대 지중해의 지리정치학적·경제적 차원들은 극도로 복잡하지만 전반적으로 지중해를 분리하거나 파편화시키는 결과를 낳았다. 비슷하게, 현재 유럽의 지리정치학적 논의는 모든 비유럽인들을 '타자'로 부르면서 근대화의 과정에서 지중해의 비유럽 문명들을 무시하거나 억압하거나 생략해왔다(위의 책, pp.7~8). 지중해 지역의 상관성을 역사의 다시 읽기에 따라 새롭게 구성한다면, 현재 이루어지고 있는 서양중심적 문명의 흐름에 대처하는 논리와 실질적 연구에 대한 일정한 참조를 얻을 수 있으리라고 생각한다.

공간

　지리 공간적 개념으로서의 지중해는 넓은 의미로는 흑해까지 포함한다. 그러나 보통 지중해라고 말할 때에는 유럽의 남부와 아시아의 서부, 아프리카의 북부 지역으로 둘러싸인 바다를 가리킨다. 지역에 따라 형성된 다양한 문명들이 서로 교차하는 지중해 문명이 이루어진 것은 바로 바다로서의 지중해의 역할 때문이었다. 지중해를 형성한 지속적인 조건으로서 바다는 여러 문명들이 도전하고 적응하고 정복하며 이루어낸 문명 교차의 무대였다. 지중해의 바다는 오랫동안 여러 문명들에게 똑같은 햇빛과 바람, 해류, 자원, 강수를 안겨주었다. 문명의 성격은 제가기 달랐지만, 그들이 터를 두었던 지리, 생태, 환경의 조건은 오랫동안 동일했다.

　지중해는 지구에서 육지로 둘러싸인 바다들 중 가장 큰 바다로서, 길이는 약 4,000km, 최대너비는 1,600km, 평균 수심이 1,458m에 이른다. 비교적 좁은 바다이지만 가장 깊은 곳은 무려 5,092m로 확인된다. 지중해는 세 대륙에 걸치는 만큼 기후와 생태에서 다양성을 보이지만, 다양성을 포괄하는 공통성을 내보이는 것도 사실이다. 이른바 지중해성 기후는 지중해 전역을 일 년 내내 따스하게 유지시키고, 지중해만이 갖는 특이한 해류는 지중해 전체를 연결시켜 다양하지만 다른 바다와는 뚜렷이 구분되는 독자적인 생태계를 갖게 해준다.

지리적으로 말해 지중해는 닫힌 바다다. 호든과 퍼셀은 '지중해'라는 말의 역사는 길지만, 처음에 그것은 학습된 추상적 단계였다고 지적한다. 즉, 예를 들어 기원전 10세기에 지중해는 철학자들에 의해서 하나의 선험적 개념으로 존재했다. 그러던 것이 항해술이 발달하고, 바다가 소통의 중심지로 되어 실질적인 지리적 시야를 확보하면서, 지중해는 지리적 일관성을 얻게 된다. 이로부터 수천 년에 걸치는 지중해의 연속성이 시작된 것이다.[28]

지중해의 지리적 경계는 오디세우스의 항해를 통해 그어볼 수 있다. 『신곡』에서 묘사된 오디세우스의 항해는 스페인과 모로코를 사이에 두고 계속 서쪽으로 나아간다. 거기서 헤라클레스의 기둥이 서있는 지브롤터 해협에 도착한다. 그의 여행은 세상의 끝에 이른 것이었다. 태양이 계속 내달리는 서쪽을 향해 오디세우스는 "사람이 살지 않는 세상을 찾아가려는 마음"을 강하게 품고 기어이 지브롤터를 지나 아프리카를 끼고 남쪽으로 내려가 남극까지 도달한다. 그의 항해는 남극의 별들이 바다에 잠길 정도로 낮게 내려온 낯선 바다에서 난파로 끝난다. 아마 연옥이라 불리는 정죄산에 도달한 것으로 보인다. 어쨌든 오디세우스의 여행은 당시에 경험된 세계의 지리적 한계를 넘어서려는 것이었는데, 그 방향이 지브롤터였다는 것에서 지중해가 다른 방향으로는 막혀있다는 오래된 인식을 확인할 수 있다.

전체적으로 지중해는 지브롤터 해협이라는 유일한 통로로 바깥 세계와 연결되는 하나의 물바가지 형상을 하고 있다. 지중해의 지리적 범위는 바다뿐만 아니라 바다에 인접한 육지까지 포괄한다. 브로델에 따르면 동쪽은 시리아까지, 서쪽은 이베리아 반도와 모로코까지, 북쪽은 피레네 산맥과 알프스, 흑해까지, 그리고 남쪽은 사하라 사막 이북의 북아프리카 및 마그렙 지역을 포괄한다. 그러나 이렇게 그어진 경계는 지중해를 협소하게 제한하는 것이다. 지중해는 이전에는 로마 제국의 영향력이 강하게 미쳤던 사하라 사막 이남의 수단 지역이나 서부 아프리카의 사헬 지역을 포함하고 서유럽 전부와 북유럽의 일부에 걸치는 광의의 개념이었다. 또 로마 이전에는 고대 오리엔트의 지역을 포괄하는 개념이기도 했다.

문제는 이러한 역사적 시공의 증거들에도 불구하고 근대이후 형성되어온 '지중해'라는 현재적 의미가 유럽 대륙을 중심으로 이해된다는 사실이다. 유럽 이외의 지역들은 지중해에서 타자들로 분류되고 배제되면서, 지중해는 제한적인 왜소한 명칭으로 사용되었다. 단테가 묘사한 오디세우스의 행로에서도 그렇지만, 그리스인들은 지중해를 파시스 강에서 지브롤터 해협까지 동서로 달리는 것으로 생각해서 지중해의 지리적 경계를 북쪽으로 한정하면서 남쪽은 무시했다. 중세의 이슬람의 등장 이후에 지중해에 대한 지리적 이해는 이집트를 중심으로 아프리카를 포괄하게 되었지만, 그것은 어디까지나 사하라 사막 이북에 한정시키는 것이었다. 그것은 결과적으로 고대에 적갈색의 피부를 가진 백인이 이집트의 지중해 문명을 일으키고 그 이후 지중해 문명을 관리했다고 봄으로써 실제로 지중해를 백인 중심의 문명권으로 이해하는 것이었다. 그런 면에서 아프리카는 지중해의 여러 타자들 중에서 굴절된 지중해의 모습을 복원시켜줄 가장 적절한 주체라고 하는 이석호의 지적은 적절하다.[29]

이집트가 지중해를 주도하던 시절 이집트인들은 실제로 흑인이었고, 그들은 사하라 사막 이남을 포괄하고 있었다. 그것은 고대 지중해 문명이 적도 지대의 아프리카를 포함하는 네트워크를 이루고 있었다는 말이다. 여기에 마틴 버날(Martin Bernal)이 『검은 아테나 *Black Athena*』[30]에서 주장하듯이, 그리스 문명의 뿌리를 이집트의 흑인 문명에서 찾아야 한다면, 그리고 그리스와 로마의 문명이 사실은 고대 오리엔트 문명의 '판박이'일 뿐이라는 세간의 주장을 받아들인다면, 아프리카를 제대로 관여시키는 지중해의 지리 공간적 구상은 그동안 백인과 유럽 중심으로 이해되어온 지중해의 고정된 기호의 해체로 이어질 것이다.

지중해에 대한 지리적 접근에서 태양과 바다, 음식 등 생태적 요소들을 무시할 수 없다. 이들은 분명 생태적으로 지중해의 공간이 인류에게 준 하나의 선물이다. 그 의미를 새기는 것은 환경이 인간의 사고와 문명에 미치는 영향의 측면에서 중요하다. 예로, 독일의 괴테와 러시아의 막심 고리키, 그리고 영국의 헨리 제임스와 같은 유럽 작가들이 이탈리아의 여행과 체재에서 지대한 영향을 받은 것도 지중해의 공간이 행한 중요한 역할이었다. 이는 공간의 소비와 공간의 질과 같은 문제와 더불어 중요하게 취급될 필요가 있다.[31]

현재 유럽의 지역주의가 대단히 큰 성공을 거두고 있지만, 그것은 사실상 지중해 연안 국가들 중 일부만 포괄한 상태다. 이는 지중해의 '바다'보다는 유럽 지역의 육지의 근접성을 강조하고 비슷한 소득 수준 등 경제 여건을 고려한 것이다. 앞에서도 말했듯이, 이런 식으로 이루어지는 지역의 분할은 다분히 근대주의적 발상이고 현상이다. 이는 역사적으로 볼 때 제국과 식민지의 양극 체제를 낳았고, 그런 과정을 통해 과학과 기술 그리고 경제의 괄목할 발전이 이루어졌다. 그러나 이는 어느 쪽에도 도움이 되지 않는다. 왜냐하면 그러한 발전의 결과 오늘날 나타나는 것은 환경 파괴와 인간 소외와 같은 범지구적인 문제들이기 때문이다. 이런 측면에서, 근대화의 산물인 유럽의 지역주의보다는, 그 모순을 교정할 수 있는 공간 개념이 필요하다. 다시 말해 지중해를 주목함으로써 경제보다는 생태에, 발전보다는 보호에 더 강조를 두는, 진보적인 지역학이 가능하고 필요하다는 말이다.

지역학은 자연과 인간의 조화의 철학, 즉 생태 윤리의 바탕

위에서 이루어질 때 그 의미를 극대화한다. 이는 지역의 자연 생태 환경이나 고유문화를 간과하기 쉬운 서구 중심주의를 견제하는 의미를 가질 뿐만 아니라, 더욱 중요하게 문명의 새로운 대안을 구상하는 길로 연결된다. 그래서 지중해 문제에서 바다의 역할을 재고할 필요가 있다.

지중해의 생태와 환경 문제는 현재 굉장히 활발하게 연구되는 분야들이다. 지브롤터의 좁은 여울이 막아선 고여 있는 지중해는 오염중이라는 심각한 진단이 우세했다. 그러나 그 '고임'은 이전에는 재생이 가능했던, 일종의 자기순환 구조를 하고 있지 않았을까? 생태와 환경의 역사적 연구가 필요한 지점이다. 어쨌든 '닫힌' 지리적 공간으로서 지중해는 생태와 환경에서 공동운명체의 모습을 하고 있다. 그 점이 시사하는 바는 크다. 크기만 다르지 결국 인류 전체는 생태와 환경에서는 닫힌 공간에 살고 있는 것이다. 지중해의 오염은 지중해 연안 국가들의 산업 발전과 도시화 과정에서 생태와 환경을 가볍게 생각한 결과였다. 이에 대해 지난 1970년대부터 지중해 국가들이 공동으로 대처하는 활동은 하나의 모범적인 사례로 인정되고 있다. 여기에는 해양 오염 방지, 습지의 보존, 오염 폐기물 안전 처리, 해양의 과학적 조사, 그리고 이런 일들의 국제적 협력을 위한 국제법과 환경경제학, 국제관계론 등의 연구와 같은 다각적인 활동들이 포함되어있다. 결국 지중해가 바다를 중심으로 한 하나의 운명체라는 사실을 생태와 환경은 증명해주고 있다. 마찬가지로 생태와 환경 문제에 대처하는 지중해의 해법은 중국의 환경오염을 우리가 고스란히 뒤집어쓰는 동북아의 공간에서도 긴급하고 중요하게 참조해야 할 문제가 아닐 수 없다.

　마지막으로 지중해의 공간을 바라보는 우리 자신의 위치와 그 위치에 따르는 지중해 공간의 질적 변화 가능성을 주목할 필요가 있다. 일정한 공간적 위치에 구속되는 것이 우리의 운명이라면, 공간적 위치는 우리의 관점을 결정한다. 그러나 우리는 공간적 위치를 스스로 바꾸는 의지와 능력을 지닌 주체이기도 하다. 위치에 따라 우리는 가변적인 관점을 가질 수 있는 것이다. 결국 위치성이 주체로서의 우리의 관점을 결정짓는 동시에 그 변하는 위치에 따라 새로운 공간적 경험을 하고, 그럼으로써 역으로 공간적 지평을, 더 나아가 우리 자신의 위치성을 변화시키는 힘을 갖게 된다.[32]

　이런 식으로 공간을 재구성하는 주체의 의지와 상상을 통하여 지중해를 바라보는 것은 지중해라는 공간적 실체를 마치 시뮬레이션처럼 비틀어 재현할 수 있도록 도와준다. 그럼으로써 지중해라는 전통적 공간 개념은 해체되고, 우리에게 새로운 의미를 주는 공간으로 재구성된다. 그렇다고 이전에 지중해의 공간이 지녔던 의미와 경험들이 모조리 사라진다는 말은 아니다. 다만 그들이 현재적 의미와 사건으로 재생된다는 것을 말한다. 거기서 수많은 작가와 예술가, 철학자와 정치가, 상인과 군인들이 지중해의 공간에서 삶을 살았던 기억들을 우리에게 의미 있게 되살려낼 수 있고 지중해의 기억은 우리와 함께 지속될 수 있는 것이다.

지중해학의 의미와 전망

　지중해 세계는 수천 년에 걸쳐 자체의 특수성과 연속성을 유지해왔다. 환경과 지리와 같은 오래 지속되는 물질적 특성은 지중해에서 나타나고 사라져간 여러 문명들을 잉태하고 키웠다. 지중해라는 시간과 공간은 고대 아프리카와 오리엔트 문명부터 시작하여 헬레니즘과 헤브라이즘, 중세유럽과 비잔틴, 이슬람의 문명까지 동양과 서양의 문명들이 가로지르는 활발한 문명교류의 현장이었다. 또한 지중해는 문명교류의 결과 풍요로운 문화와 예술을 생산한 도가니였다. 지중해의 영감은 수많은 작가와 예술가에게 창작의 샘이 되었고, 무엇보다 혼합문화로서의 정체성을 구현하게 만들었다. 이런 다양한 주제들을 하나하나 연구하고 이리저리 서로 묶어나가는 것이 지중해학의 모습이 될 것이다. 그래서 지중해학은 이미 놓여있는 무엇이 아니라 새롭게 구성해나가야 할 어떤 것이 된다.

　이 책에서 도전하는 문제를 다시 한 번 상기해보자. 지중해를 모든 종류의 중심이 해체되고 중심의 새로운 의미와 역할을 관계의 구성에 두는 역동적 시공으로 파악할 수 있다면, 지중해는 그 자체로 충분히 연구될 만한 가치가 있다. 그런데 혹시 그런 지중해는 하나의 현실로 존재하기보다는 우리의 머리에서만 오락가락하는 추상물에 지나지 않는다고 누군가 의문을 제기할지 모르겠다. 만일 지중해가 하나의 현실체로 묶어 생각하기에는 너무 다양해서 결속력이 없다고 한다면, 같은 문제 제기를 유럽이라는 단위에도 할 수 있다. 유럽을 하나로 묶는 것은 지중해를 하나로 묶는 것보다 오히려 더 위험할 수 있다. 비스마르크는 이렇게 말했다. "유럽에 대해 말하는 사람은 누구든 잘못이다. 유럽은 지리적 표현에 지나지 않는다." 실제로 유럽 대륙에서는 역사상 딱 한 번의 정치적 통일이 있었고 (8세기의 샤를마뉴), 그것도 정치 체제와 구조의 통일이 아닌, 한 강력한 카리스마에 의한 일시적인 통일이었다. 예로, 스칸디나비아나 러시아를 유럽에 아무 잡음 없이 귀속시킬 수 있을 것인지 하는 물음도 가능하다. 또, 발칸을 유럽이라 할 수 있는가? 유럽이 그리스는 무시할 수 없어도, 발칸은 무시할 수 있다. 요컨대, 차라리 서부 유럽 또는 중부 유럽이라는 용어는 가능할 수 있으나, 유럽이라는 말은 사실상 문제가 많은 용어다.

우연히 손에 든 『새유럽의 역사』[33]는 유럽이 문제가 많은 용어라는 사실을 역설적으로 증거해준다. 이 책은 유럽의 언어의 다양성, 공간의 다양성, 문명의 다양성 등을 설명하는데, 이는 오직 유럽의 정체성을 대단히 희망적으로 확보하는 목표로 수렴된다. 이 책은 유럽 공동체의 신화를 만들고자 하는 취지에서 쓰인 것 같다. 그런데 우연인지 모르지만, 이 책에서 유럽의 통일된 정체성을 보여주기 위해 내세우는 역사는 16세기 이후의 근대사에 집중되어있다.

그러면 다양한 중심들이 어우러지는 역동적 시공으로서의 지중해는 하나의 은유에 지나지 않는가, 아니면 물질로 존재하고 관계로 작동되는 하나의 현실체인가? 이는 세계화가 하나의 은유인지 현실인지 하는 물음을 빗댄 것이다. 이는 단위의 분할은 은유인가 현실인가 하는 더욱 근본적인 물음과 연결된다. 하나의 지역 단위를 현실로 만들기 위해서는 그 실용성과 구체성이 드러나야 한다. 『지역연구와 세계단위론』에 의하면, "세계단위를 수사적으로 어떻게 구축할 것인가의 문제는 의외로 중요"(p.29) 하다고 한다. 이는 묘사와 기술이 현실을 구축한다(p.33)는 믿음에서 나온 진술이다. 그러나 그에 못지않게 그것이 현실을 잘 포착하는지, 또는 적어도 현실을 무시하지는 않는지 주의를 기울일 필요가 있다.

그러면 '현실'로서 지중해는 실제로 어디까지인가? 어떻게 정할 수 있는가? 지중해가 어디까지를 포괄하느냐의 문제는 바로 앞장에서 제시한 여러 접근들의 결과로 나와야 할 답이다.

그 답은 어느 측면을 고려하느냐에 따라 꽤 탄력적이고 유연할 것이다. 예로, 고대 현인들은 지중해가 올리브가 자라는 곳까지 뻗어나간다고 가르쳤다. 올리브는 지중해의 특산물로서, 기원전부터 지중해 교역의 주요 품목이 되어왔고, 교역은 지중해 주변의 문명권과 언어권 등을 넘어서 지중해를 하나로 묶는 것이었다. 따라서 올리브 재배 지역과 올리브를 주된 음식으로 삼는 생활 습관을 중심으로 지중해권을 구성하면, 지중해는 이탈리아, 스페인, 그리스, 터키, 튀니지, 모로코, 시리아, 포르투갈을 포괄하는 개념이 된다.

또 다른 기준을 들이대면 지중해의 영역은 달라진다. 예를 들어 '지중해 포럼'(1994년 7월 결성)이나 EU-지중해국가 각료회의(EUROMED)[34]에서는, EU와 지중해 국가들 간의 정치, 안보, 경제, 재정, 사회, 문화 등 광범위한 측면에서의 교류 확대와, 투자, 채무, 환경, 에너지, 이주 문제 등을 논의한다. 또, 중동 지역에서의 테러 억지를 위해 「평화와 안정을 위한 헌장」을 채택하였고, 자유 무역과 경제의 구조적 개혁, 민간투자 촉진을 위한 '공동의 번영' 추구 원칙을 재확인하고 있다. 이들 조직을 중심으로 보면 지중해는 동구와 발칸 반도, 중동, 북아프리카를 포괄한다.

한편 EU의 입장에서 지중해는 껄끄러울 수 있다. 앞에서도 언급했듯이, 이탈리아 남부나 발칸 반도 등의 지중해 연안 지역은, 지리적으로나 언어·관습적으로 유럽에 속해있다 할지라도, EU가 가는 길에 경제·정치적으로 걸림돌이 될 수 있기 때문이다. 그러나 생태와 군사 전략 문제를 따지자면, EU가 결코 무시할 수 없는 지역의 단위가 바로 지중해다. 비록 당장 이 책에서 말하는 '지중해'가 아직까지는 학문적으로 논의되는 추상적 대상일 수 있는 반면 EU는 하나의 현실적 구체물이라 하더라도, 지중해는 EU에 대해 실질적이고 현실적인 영향을 어떤 식으로든 행사하고 있다. 추상이 현실에 영향을 준다는, 일면 무리한, 혹은 긴 논의가 필요한 논법에 기대려는 것이 아니라, 지중해를 학문적 연구의 추상으로만 보기에는 그것이 발하는 구체적인 영향이 현실의 흐름에서 작지 않게 행사되는 것에 주목해야 한다고 본다.

유전학의 측면에서는 또 어떠한가? '지중해 빈혈(Thalassemia)'이라는 병이 있다. 이는 산소를 조직으로 운반하는 혈액 단백질인 헤모글로빈의 결핍이 특징인 혈액 질환으로, 유전된다. 탈라세미아 유전자는 전세계에 광범위하게 있으나, 대부분 지중해 근처, 중동, 남부 아시아 등에 조상을 둔 사람들에게서 발견된다. 지중해 빈혈을 중심으로 접근하면 지중해의 네트워크는 지중해 연안지역과 중동 그리고 남부 아시아까지 포함하게 된다.

또 다른 예로 이탈리아는 거의 모든 접근에서 지중해에 속할 것이다. 그러나 경제 상황이나 기후(강우량, 일조 시간, 토양), 그리고 거기에 따른 식생의 분포 등을 따지면, 북부 이탈리아는 남부 이탈리아보다 지중해에 속하는 정도가 약하고 오히려 남부 이탈리아는 북아프리카와의 연계가 더 깊을 수 있다. 반면 언어나 종교 등을 따지면 남부 이탈리아는 북부 이탈리아에 굳게 결속된다.

그리스 정교를 생각하면 지중해는 흑해와 러시아까지 포괄하고 가톨릭을 생각하면 라틴 아메리카까지 뻗어나간다. 기독교는 콘스탄티누스 황제가 로마의 국교로 인정한 이래 지중해의 상징적 종교로 융성했으나, 역사적으로 이슬람은 그보다 더 강력하게 지중해를 덮었다. 또 수많은 전설과 역사의 현장에서 다시 찾아야 할 그리스의 여신들을 비롯한 지중해의 종교들은 퍽 다양하고 그에 따라 지중해가 포괄하는 지역들도 다양해진다.

라틴 아메리카의 경우 근대 이후 지중해가 해체 혹은 확장되면서 서구 문명이 긍정적으로 혹은 부정적으로 확산되었던 대표적인 예다. 유럽 대륙의 서쪽 끝인 로카 곶에는 『우스 루지아다스 Os Lusiadas』라는 서사시로 해양에 진출한 포르투갈 사람들을 영웅적으로 묘사했던 카몽이스(Luis Vaz de Camoes)가 "여기서 땅이 끝나고 바다가 시작된다"고 한 말을 새긴 기념비가 서있다. 콜럼버스(Cristoforo Colombo)가 1492년에 신대륙을 발견했고 바스코 다 가마(Vasco da Gama)가 1498년 아프리카 대륙을 돌아서 인도양으로 진출했으며 카몽이스가 1580년에 사망한 것으로 미루어 카몽이스의 말은 포르투갈이나 스페인이 지중해를 넘어서 신세계를 발견하고 개척한 것을 기리는 의미였을 것이다. 그것은 지중해의 해체일 수도 있으나, 그보다는 포르투갈이나 스페인이 고대 로마와 카르타고 이래 이슬람을 거치는 지중해 문명을 기반으로 성장해왔다는 점을 생각하면 지중해의 확장이라고 봐야 할 것이다. 이런 식으로 보면 지중해의 범위는 아메리카와 인도까지 포괄한다. 나아가 실크로드를 비롯해 고대와 중세에 이루어진 문명교류의 결과35)를 생각하고 또 '동아지중해'라는 새로운 발상36)을 떠올리면, 지중해는 동북아시아까지 뻗어나간다. 이런 예들은 지중해라는 큰 지역의 단위가 추상이 아니라 현실로 굳건하게 존재했고 지금도 존재하고 있다는 명백한 증거들이다.

지중해는 어떤 관점 ─ 환경과 문화, 경제, 지리정치학 ─ 을 들이대느냐에 따라 공간적 범위가 다양하게 뻗어나가는 유연한 개념으로 사용되어왔다. 또한 개인들의 관점과 취향에 따라 지중해를 묘사하는 내용도 크게 달랐다. 사실상 지중해는 극도로 다양한 국면들을 산출한 다양한 문명들 사이의 역동적 교류의 터였고 동시에 경제와 지리, 생태, 종교, 언어, 환경 등에서 일관된 상호 관련성을 갖춘 모습이었다.

지중해가 현재보다 과거에 더 큰 상관성을 유지했다는 것은 의심할 여지가 없는 듯하다. 고대의 지중해는 지금보다 훨씬 더 긴밀하게 서로 접촉을 유지했다. 현대는 인터넷과 미디어, 통신과 수송수단이 고도로 발달했음에도 불구하고 지중해의 지역들 사이의 소통과 대화는 단절되고 충돌만 늘어나고 있다. 이른바 중심에서 밀려난 혹은 중심을 대리한 주변부 지역들 사이의 소규모 분쟁은 세계화 시대에서 크게 늘어나는 현상을 보이는데, 지중해가 그런 경우에 속한다. 이에 비해 고대부터 중세 그리고 르네상스 시대까지 지중해의 긴밀한 교류와 상호관련성을 가능하게 했던 내적 관계는 실제로 하나의 강력한 패턴으로 자리하고 있었다. 지중해가 상대적으로 동질적인 문화 단위라는 개념에 대해서 사회인류학에서는 활발한 논의가 있어왔다. 또한 지리와 역사, 경제, 문화 그리고 그 외의 것들에서 유럽과 아프리카 혹은 아시아의 나머지와 구별되고 지중해에만 독특한 여러 공통된 패턴과 리듬이 존재한다고 말할 수 있다. 예를 들어, 지중해의 지리와 생태에서 공동운명체를 지니는 것은 요즘 들어 더 구체적이고 중요한 결집 요인으로 작용한다. 그것은 지중해가 환경적 책임을 공유하는 단위라는 사실을 강조하는 것이다.[37]

다른 한편 이른바 '연결하는 공간'으로서의 지중해의 기능이 근대적 시공간에서 그 자체의 모습으로 유지되어왔는지를 다시 고려하고, 무엇이 하나의 전체로서의 그 정체성을 유지하는지를 찾고, 전지구적 차원에서 그 독특함을 일반화할 가능성을 탐색할 필요가 있다. 더욱이, 앞에서도 미국식의 지역학에서 탈피할 필요성을 말했지만, 사실상 근대에서 지중해 개념이 해체된 것은 지역학의 목표가 근대 서구 사회에서 제국주의적 기획의 하나로 고려되어왔음을 방증한다고 생각한다. 그러므로 지중해 세계의 상관성의 모습을 제대로 세우고자 한다면, 우리는 유럽중심적인 혹은 서양중심적인 접근과 엇나가는 지중해학을 생각하는 것에서 시작해야 할 것이다.

결국 어떤 방향에서 지중해에 접근하느냐, 또 어떤 상황이나에 따라 지중해의 네트워크는 모습을 달리한다. 네트워크는 이렇게 느슨하고 다양하며 변화한다. 또 역동적이고 열려있다. 중심도 늘 바뀐다. 어떤 방식의 접근이냐, 어떤 소재를 가지고 접근하느냐 등에 따라 지중해의 실체는 변화한다. 그러나 그렇다고 지중해라는 실체가 없다고 말할 수는 없다. 그렇게 달리하는 모습에도 불구하고 그들을 묶는 공통항은 분명 있기 때문이다. 단 공통항 자체도 늘 다양한 접근과 상황에 따라 생성, 변화, 소멸하면서 존재한다. 다시 말해 그런 항상적인 생성과 소멸의 과정 자체가 지중해의 존재 방식인 것이다.

지중해를 하나로 묶어 연구할 수 있고, 또 그런 연구가 추상이 아니라 아주 구체적인 현실과 역사에 확고하게 연결된다면, 지중해학은 어떤 의의를 지닐 수 있는가? 지중해의 특성은 다양성이 서로 관련되어 공존하며 이어져 왔다는 것이다. 여기서 다양성은 한 작은 지역 내에서 발견되는 삶의 다양한 측면들을 가리키기보다는, 그 삶의 다양한 측면들을 지닌 여러 작은 지역들이 다시 저마다 다양한 모습을 드러내고 서로 작용한다는 것을 뜻한다. 따라서 지금까지 묘사해온 지중해의 다양성은 세계의 그 어느 지역에서도 유례를 찾기 힘들 정도의 강도를 지니고 있으면서, 또한 그만큼 서로 연결되어 이루어낸 하나의 정체성을 유지하고 있다. 이는 현재 국제 관계를 비판적으로 바라볼 때 자본주의적 신제국주의라고 정의될 수 있는 이른바 세계화에 대한 대처 전략의 모델로 삼을 가능성으로 연결된다.

지중해학은 근본적으로 타자를 이해하려는 노력이고, 또 그 노력은 과거 제국주의적인 오류에 빠지지 않아야 한다. 지중해 역내에 다양성과 상관성이 공존한다는 생각은 강자에 의한 세계 질서의 구축으로서의 세계화에 대해 대항하는 의미를 지닌다. 왜냐하면 다양한 부분들을 연결하는 데만 집중함으로써 전체성만 건설할 뿐 다양한 부분들의 정체성은 생략하거나 무시하는 세계화의 부정적 측면에 대해 일정한 견제와 비판, 또 대안 제시의 역할을 하는 구체적이고 실질적인 구도를 그려내 보여주기 때문이다.

마지막으로 지중해학을 어떻게 해야 할 것인가? 앞에서 소개한 호든과 퍼셀의 『오염의 바다』는 지중해 세계가 어떻게 삼천 년에 걸쳐 상관성과 특이성 그리고 연속성을 지녀왔는지를 탐구하는 책이다. 이는 필자의 관점 형성에 상당히 큰 도움을 준다. 그러나 이 책으로 모든 것이 다 끝났다고 말할 수는 없다. 우리 나름대로 하나하나 분야들을 점검할 필요가 있다. 물론 이 분야들 각각의 연구가 그대로 자동으로 지중해학으로 묶인다고 기대할 수는 없다. 그들이 하나의 단위로 묶일 수 있는 길을 찾는 것은 계속해서 반복적으로 수행되어야 할 또 다른 작업이다. 지중해학에서 대상으로 삼는 지중해는 발견이 아니라 구성의 결과로 떠오르는 것이기 때문이다. 바로 이런 차원에서 호든과 퍼셀이 지중해 '안'에서의 역사가 아닌, 지중해'의' 역사를 보아야 한다는 말은 구체적인 의미를 얻는다. 이는 지중해 내부의 각각의 작은 단위들에 초점을 맞추기보다는 지중해를 서로 관련된 전체로 보아야 한다는 말이다. 다만 그 상관성을 구성하는 구체적인 작업이 필요하고, 이는 결국 지중해의 진정한 재현으로 이어진다.

지중해적 사고(思考)와 앞으로의 과제

카뮈(Albert Camus)의 어둠, 그 삶과 글에서 배어나오는 부조리의 어둠은 지중해의 태양의 그림자였다. 태양이 강렬한 만큼 그림자도 진하게 드리워졌다. 나는 거기서 인간의 얼굴을 본다. 태양은 정죄산에 오르는 단테(Dante Alighieri)에게 내리 쬐어 그림자를 만들었다. 정죄산의 영혼들은 이에 놀라며 살아있는 육체를 지니고 죽음의 세계를 여행하는 단테를 부러워한다. 죽어야만 보고 들을 수 있는 것을 살아서 보고 들었으니, 이제 구원을 받는 길로 나아가면 그만이기에. 그림자를 드리우는 존재. 그것이 인간이다. 카뮈는 태양을 사랑했지만, 그것은 빛의 연원인 동시에 어둠의 근원이었다. 빛만 아니라 어둠도 구원의 계기로 끌어안는 카뮈의 타고난 감각은 지중해에 녹아있는 인간의 오래된 흔적일 것이다. 이 흔적의 내용은 삶과 행복인 동시에 죽음과 불행으로 이루어지지만, 언제나 현재진행형으로 우리 곁에 있어왔다. 그래서 지중해는 과거나 미래가 아닌 현재화하는 존재로 언제나 고스란히 자신을 드러내주는 것이다. 지중해는 빛과 어둠이 공존하는, 신과 인간이 만나는, 긍정과 열림, 긴장과 균형의 사고를 가능하게 한다. 니체(Friedrich Nietzsche)가 파악한 헬레니즘은 바로 그러한 지중해적 사고를 가리키는 것이었다.

지금까지 지중해학의 기본적인 지침으로 다양한 부분들이 대화하고 소통하는 열린 관계의 내용을 탐색했다. 또한 지중해는 다양성과 차이의 경험이 있어왔던 시공이라는 점을 얘기했다. 이 경험은 단순히 객관적으로 특수하게 설정되는 타자성이 아니라 대화의 관계에 놓인 대화자의 경험이다. 그러나 근대 이후 가속화되어온 세계화와 함께 현재 인류는 타자의 문화들의 진정한 대화의 가능성이 사라지는 위험에 처해있다. 물론 세계화는 우리에게 이미 필수불가결한 요소가 되었고, 거기서 우리가 받은 혜택도 간과할 수 없다. 긍정적인 측면에서 세계화는 새로운 보편적 공동체를 위한 토대를 놓고 있는 반면 부정적 측면에서는 단순히 다른 공동체들을 파괴하고 차이를 무마하면서 인류의 가능성들을 파괴하는 결과에 이르고 있다. 이것이 세계화의 불행한 효과들이다. 그렇다면 우리는 전면적인 거부보다는 오히려 차이에 대한 존중을 통하여 성취되는 일종의 보편성을 상상해야 할 것이다. 지중해학의 궁극적 목표는 인류 문명에 대한 새로운 고찰의 관점과 방법, 비전을 제시하는 것이다. 그것을 나는 지중해적 사고라고 부르려 한다. 그리로 나아가는 과정에서 우리 한반도의 경우는 대단히 중요하다. 왜냐하면 현대 사회의 모순이 집결된 시기의 주변부 지역으로서 대안을 제시해야 하는 위치에 있기 때문이다.

지중해적 사고는 우리가 겪어온 근대화의 과정과 그 결과 우리가 처하게 된 세계화에 대처하는 효과적인 방안과 자세를 제공해줄 것으로 믿는다. 바티모(Gianni Vattimo)가 파악하는 근대의 토대는 서구 사상의 역사를 진보적인 계몽으로 보는 것이다.[38] 즉, 서구 문명의 토대를 계속해서 더 완벽하게 다지고 또 다지면서 뻗어나간 역사가 서구의 근대사라는 것이다. 그러나 그렇게 볼 때 서구의 사상사는, 르네상스가 회복과 재생, 복귀로 정당화되듯이, 복귀와 반복, 재탕과 변용의 역사이며, 그 뿌리에는 기원 혹은 토대에 대한 향수와 동시에 열등감이 자리할지도 모른다. 심리야 모르지만, 그 효과는 현재 서양 중심주의와 서양우월주의로 나타나고 있다. 중심주의는 그 자체가 남을 인정하지 못하는 열등감과 자신 없음의 표현이 아닌가. 진정한 중심은 다른 중심을 인정하고 다른 중심과의 소통을 여는 것에서 가능하다. 이런 맥락에서 지중해적 사고는 또 다른 중심주의에 빠지는 오류를 경계하고 열린 중심을 구상한다. 즉, 서구 문명의 산물인 근대의 극복을 근대의 기획과 함께 더불어 꾀하는 것이다. 그것은 근대에 묻히지 않는 동시에 근대를 존중하는 것이다. 지중해적 사고는 단선적인 발전

논리가 아닌, 이러한 상생의 논리에 바탕을 둔다. 그것은 서로에게로 열리는 것이다.

동북아시아의 정세가 심상치 않다. 미국과 중국, 일본, 대만 그리고 러시아가 얽혀있고 그 중심에 한반도가 있다. 동북아를 둘러싼 긴장은 일방주의와 패권주의에서 비롯된 것이다. 미국이 아무리 인류의 평화를 생각한다 해도 자기만의 생각이라면 그것은 일방과 패권에서 벗어날 수 없다. 중국과 일본도 마찬가지다. 에너지와 군사, 환경, 경제 등 미래의 생존과 번영을 좌우하는 여러 측면에서 그들은 한 치의 양보도 없이 제국의 발길을 재촉하고 있다. 더욱이 우리는 피곤하고 지친 동족을 분단선 너머에 두고 있다. 그런 상황에서 더 이상 주변부도 그렇다고 또 다른 중심도 아닌 위치에서, 앞서 열거한 나라들을 주변부화하고 다시 그들과 또 그들 사이의 수평적 관계를 모색하며 능동적인 운영을 해나가는 사고의 전환이 필요하다. 여기가 우리에게 지중해적 사고가 필요한 지점이다.

어떤 한 지역이 특유의 문명이나 지리적 및 생태적 공통성이 없으면 고유의 정체성을 지닌 하나의 연구 단위가 되지 못할 수도 있다. 예로, 지중해와 다르게 동남아 해역은 지리적으로 인도양이나 남지나해의 연장에 불과하며 문명적으로는 이슬람 문명이나 중국 문명의 범위 내에 들어있어 정체성이 불확실하다고 한다.[39] 그것이 사실인지는 면밀한 연구가 필요하겠으나, 일단 '사실'이란, 그리고 거기에 근거한 '정체성'이란 현재의 관점과 필요에 따라 다르게 재현된다고 볼 때, 얼마나

적극적으로 그 지역의 정체성을 구성하는가에 따라 하나의 지역은 자체의 새로운 문명적 가치와 지정학적 가치를 지닐 수 있을 것이다.

　동북아의 상황도 그와 다르지 않다. 우리의 동북아 상황은 지금 과거의 역사와 미래의 비전을 함께 고려해야 할 시점에 있다. 여기서 지중해적 사고가 필요하다는 것은 지중해를 단지 한 특수한 지역을 가리키는 용어로 대하지 않는다는 전제를 깔고 있다. 다시 말해, 지중해에 해당하는 지역, 지중해적 사고를 들이댈 수 있는 지역을 반드시 지리적 측면에서 찾기보다는, 어느 지역이나 어느 시기에서든 문명의 상생의 흔적과 길을 찾을 때에는 지중해적 사고를 적용시켜야 하는 것이다. 그래서 지중해 개념을 하나의 이론적 모델로 사용하여 지중해적 사고를 통해 사물을 들여다볼 필요가 있다. 앞에서 언급했듯이, 서양 사회는 민족 사회의 정체성을 구성해온 근대의 특징을 지닌다는 면에서 배움의 대상이 될 수 있다. 문제는 민족 사회들이 상대적인 처지, 즉 우월과 열등으로 나뉘어 구별된다는 점이다. 이런 경향은 근대의 최고조에 오른, 탈근대라 불리는 우리의 상황에서 세계적 차원에서 더 강해지는 느낌이다. 민족과 종교, 계급적 정체성은 날로 더 강력하게 대립각을 세우고, 동질적인 집단들이 서로 대립하여 분쟁과 로비를 벌인다. 이런 상황에서 서구 사회에서는 이러한 구별 자체를 소위 '탈민족 사회'의 개념을 통하여 폐지하려는 시도들이 있다. 이런 측면에서 우리는 탈민족 사회가 우리에게 또 다른 선택일 수 있다는 것을 인정할 수 있다. 그러나 이것이 세계화의 한 길일 뿐이라면 우리는 그 뒤에 숨어있는 것이 무엇인지 고려해야 한다. 대개의 동아시아 국가들은 아직도 탈민족 사회에 편입될 수 없는 강고한 공동체성을 지닌 채 민족 사회의 체제를 유지하고 있다. 그 국가들도 역시 서구 사회의 근대를 채택하는 동시에 극복하려는 이중의 프로젝트에 직면하고 있는 것이다.

이런 측면에서 동북아를 말한다면, 지중해적 사고는 동북아 평화 공동체의 한 모형을 제시해준다. 단, 그 모형은 추상에 그치지 않고 실제 삶과 경험의 결과로 제시되어야 한다. 이는 지역과 역사를 대하는 우리의 관점과 필요에 따라 수행될 수 있다. 지역의 정체성은 지리적 공간에 의해서만 구성되는 것이 아니라 시간적으로 그 공간에 가해진 여러 종류(정치, 경제, 종교, 문화 등)의 관계들과 더불어 구성되기 때문에, 동북아 공동체에는 동북아에 속하는 지역들뿐 아니라 그동안 동북아에 관계했고 또 앞으로 관계할 지역과 힘들을 포함시켜야 할 것이다. 실제로 한 지역의 정체성은 지리적으로만 제한되는 것이 아니고 관계의 유형과 작용에 따라 나머지 세계 전체와 연결되는 유연하고 열린 네트워크의 꼴로 구성된다. 그 네트워크 속에서 작은 단위의 지역들(예로, 한반도나 동북아)은 물론이고 큰 단위의 지역들(동아시아, 아시아태평양, 유럽, 아프리카 등)도 서로 긴밀하게 작용하는 모습을 상상할 수 있어야 한다.

그렇다면 동북아 공동체의 건설을 위해 우리는 동북아의

지리적 공간뿐만 아니라 세계 전체가 역사적으로 관계 맺어온 양상들을 고려해야 한다. 그 가장 중요한 점은 어떤 형태의 대립물들 사이에서도 대화가 필요하다는 인식을 공유하고 그 가능성을 담론과 현실에서 함께 추구하는 것이다. 지중해적 사고가 필요한 것은 이렇게 동북아의 문제를 보편적 차원에서 구상하고 긴 안목에서 논의하도록 해준다는 것에 있다. 예를 들어 중국의 동북공정은 중국의 패권주의 정책으로 그치지 않고 그들의 역사 전개의 한 양상으로 길게 지속될 것이다. 그렇다면 그에 대한 대처도 유연하고 다면적이며 보편적인 것이어야 한다. 중화질서는 서양식 근대 국민국가들의 대등한 관계에 비추어서는 이해할 수 없다. 다시 말해 근대적 사고로 동북공정을 보면 곤란하다는 것이다.[40) 지중해적 사고는 주권이나 국가, 영토, 국민 등 근대적 개념들을 넘어서는 삶을 들여다보는 방식이다. 지중해적 사고를 통해 우리의 동북아 구상이 한반도나 미국, 일본 등의 국가적 관계를 뛰어넘는 세계적 차원에서 이루어질 때 자연스럽게 동북공정에 대해 강력하게 대처할 수 있을 것이다. 거꾸로 동북공정은 우리의 동북아 공동체를 지중해적 사고라는 새로운 사고에서 도모해야 한다는 것을 깨닫도록 도와주는 하나의 계기로 작용한다고 볼 수 있다.

근대화 과정은 유럽 중심주의 혹은 이성 중심주의의 심화 과정과 다르지 않았다. 지중해적 사고는 유럽 중심주의에서 탈피하여 서구 문명과 전체 인류 문명을 새롭게 바라보자는 것이다. 우리가 생각해야 할 상생은 다양한 부분들의 대화와 소통의 관계에서 나오는 것이어야 한다. 지중해적 사고는 강해진 정체성들의 권리를 하나하나 따로 놓지 않으며 또한 패권적 위치에서 그들 하나하나를 묵살하지도 않는다. 보수와 진보, 우파와 좌파, 부자와 빈자, 남과 북, 세대 사이, 학문 사이, 민족 사이, 국가 사이. 우리가 대면하고 있는 이러한 전지구적으로 펼쳐진 다양한 부분들은 사실상 서로 대립의 형세를 취하고 있다. 어느 쪽에 속하든지 우리 각자는 그 대립들을 구체적인 역사와 현실, 그리고 각자의 삶으로 한꺼번에 경험하고 있다. 우리가 맞이하는 새로운 시대는 대립들을 녹여내는 시대이며, 그를 위해 균질화된 언어에 대한 저항에 가치를 주어야 하는 시대다. 대립하는 부분들과 더불어 통합을 말할 때 우리는 통합에 대한 부분들의 저항의 가치가 계속 유지되는지를 잊지 말아야 한다. 통합은 분권, 즉 부분들의 권리 주장에 대한 해결이 아니라 그 자체로 끊임없이 이어지는 분권화의 한 국면인 것이다.

지중해적 사고는 각자의 정체성을 확립한 부분들 사이의 연대와 소통으로 이루어진다. 그러한 작용에서 나오는 통합은 완성되는 것이 아니라 항상 과정 중에 있다. 과정에 참여하는 부분들 각자가 변화하고 부분들의 관계가 변화하는 데 따라 통합의 모습도 항상 변화의 과정에 놓여야 한다. 일찍이 지중해에서 문명들의 통합은 각각의 문명들이 정체성을 유지하는 가운데 서로 소통하는 것이었다. 그렇게 열린 대화의 시공을 이루었던 지중해 문명은 다양한 문명들의 관계맺음에서 나온 항상적인 변신의 문명이었다. 거기서 나옴직한 지중해적 사고는 다양한 힘과 맥락이 서로 연이어 일어나고 각자의 의미를 유지하게 해주는 하나의 패러다임이다. 이는 어떤 것도 배제되고 무시되지 않고 어떤 것도 우위에 서지 않는 수평적 사고를 가리킨다.

지중해적 사고의 힘은 어디서 나오는가? 지중해적 사고가 근본적으로 타자의 말에 귀를 기울일 것을 장려한다면, 그래서 타자를 향한 관심과 목표를 공동의 관심과 목표로 만드는 일이라면, 지중해적 사고는 분명 상생의 열린 사고라고 할 수 있다. 그 속에서 인간은 그 어느 권력이나 이익보다 더 강력하게 서로를 연결해주는 사회적인 상호 작용의 관계에 설 수 있다. 그것을 가능하게 하고 역사적인 실현의 차원으로 나아가도록 하는 것은 (생뚱맞게 들릴 수 있지만) 이른바 사랑의 문제인 것 같다. 그래서 지중해적 사고는 정치라기보다는 철학에 가깝고 또한 철학보다는 종교와 윤리에 더 가까운 얼굴을 하고 있다. 그래서 점점 더 약한 쪽으로 나아가는 것 같지만, 사실은 그 약함을 통해 모든 강한 것, 모든 딱딱한 것을 녹여내고 부드럽게 만들어 새로운 종류의 사고를 주조해내는 것이다. 그것이 힘의 반복적 행사라는 악순환의 함정에 빠지지 않으면서 인류의 평화를 일구는 유일한 길이다.

지중해학에서 중요한 것은 지중해를 동양과 서양의 골짜기가 아니라, 그 자체가 하나의 존재 이유를 갖는 독립적인 무대로 인식하고 만들어나가는 일이다. 또 분과학문들의 경계를 넘어서는 일이기도 하다. 이는 사실 엄청난 후속 작업을 필요로 한다. 기왕에 이루어져왔던 고대사의 연구뿐만 아니라, 비잔틴과 연계된 중세사, 기독교와 이슬람의 충돌, 이탈리아 도시국가들의 해상 교역 활동, 야만인의 침략으로 기술되는 동양 문명의 확장, 세계 체제론과 관련한 지중해의 위치, 유럽 연합과 지중해의 관계, 생태와 기후가 문명에 끼친 영향, 농작물의 분포와 생활 습관, 우리나라와의 실질적 관계 등, 지중해와 관련하여 이루어질 작업들은 일일이 열거하기 곤란할 정도다. 이들에 대한 작업이 없이는, 지금까지 개진한 나의 의견은 그저 가설적인 접근에 그칠 뿐이다. 즉, 나의 제안은 여러 해당 전문가들의 연구와, 그로부터 지중해 개념을 구성해나감으로써, 그리고 그 구성된 개념이 추상과 보편으로 흐르지 않도록 끊임없이 지중해에서 일어나는 현실을 참조할 때, 비로소 의미를 얻는다.

지중해학에서 떠오르는 문제들은 다음과 같다. 근대에서 지중해에 무슨 일이 일어났는가. 그 효과는 무엇인가. 세계화의 시대에서 지중해의 위치와 역할은 무엇인가. 근대화는 지중해의 분열인가 재편인가. 세계화는 지중해의 위기인가 기회인가. 지중해의 각 지역의 근대화 과정 속에서 각 지역들의 특수성은 지중해의 상관된 다양성을 유지했는가, 아니면 분열에 이바지했는가. 유럽 중심의 테크놀로지의 역사에서 중국이 그러했듯이 이슬람은 어떻게 배제되었는가. 근대 이후 백인들이 세계의 패권을 잡게 되고 식민주의와 제국주의라는 이름으로

비(非)백인들을 주변부화시키는 과정에서 북아프리카와 관련된 흑인들의 역사가 어떻게 왜곡되었던가. 발칸 반도는 지중해인가 유럽인가. 유럽 연합의 지중해 정책은 무엇인가. 이민의 과정에서 떠오르는 혼종 문화의 형태는 어떠한가. 남부 유럽과 동부 지중해 국가에서 정치권력의 이동은 어떠한가. 지중해의 근대화 과정의 연구에서 윤리적 관점은 왜 필요한가. 지중해의 근대화 과정에서 민족 사회의 위치는 어떠했는가. 지중해에서 탈민족사회는 가능한가.

이러한 문제들을 지리와 역사, 문화, 관계의 측면으로 정리하면 다음과 같은 구체적인 논점들이 나올 수 있을 것이다. 지리적 접근에서는 기후와 생태, 지리와 농산물 등을 중심으로 지중해가 어떻게 하나의 질서에 따라 숨을 쉬고 있는지 살펴본다. 또 지리학이 정치, 경제, 문화 등과 연계되는 종합학문인 점에 의거하여 그들 분야와의 연관성 속에서 지중해의 모습을 그려본다.

역사적 접근에서는 지중해가 과거에 어떠했는지를 살펴본다. 고대 오리엔트부터 그리스와 로마, 비잔티움 그리고 오스만 투르크 등의 역사에서 지중해는 분명 중심적인 위치를 차지했다. 역사적인 접근은 고대와 중세, 근대로 이어지는 기존의 서구식 시대 구분보다는 문명의 교류가 일어나는 양상을 중심으로 이루어질 필요가 있다. 지중해의 문명교류는 기존의 시대 구분으로 가르기 힘든 방식으로 전개되었기 때문이다. 이렇게 역사를 새롭게 보려는 것은 역사가 중립적인 기록이 아니라 다양한 수사학적 형식을 띠고 나타나며 다양한 사회적 목적에 봉사한다는 시각에서 나온다. 이는 탈근대 역사학의 관점과 통한다. 역사적 지식은 그 자체로 절대적이고 자명한 가치가 아니라 인간의 필요의 문제와 밀접하게 관련된다. 우리의 연구가 목표하는 것은 역사의 발견이 아니라 상상이며 지중해의 복원이라기보다는 재구성이다. 이는 우리에게 익숙한 기존의 역사가 들려주는 것과 매우 다른 새로운 모습의 인류사를 제시해줄 것이다.

문화적 접근에서는 지중해의 문화가 교류의 의미를 어떻게 갖는지 살펴본다. 지중해의 미술이 문명교류의 결과로 이루어낸 하나의 복합문화로서의 모습을 구체적인 예술가를 통해 조명한다. 현재 지중해 연안 지역들의 이민의 결과 이루어지고 있는 대중문화의 혼합적 성격을 추적한다. 또는 20세기 초반의 입체파와 아방가르드, 표현주의 등에 대한 아프리카 예술의 영향과 이를 통해 유럽 중심주의의 기원에 대해 논한다. 지중해의 영감을 받은 작가와 예술가, 사상가들의 모습을 살펴보고 그 특징을 정리한다.

지중해가 아시아와 아프리카, 그리고 유럽과 맺는 관계에 총괄적으로 접근하는 작업에서, '지중해 문제'가 세계사적 관점에서 볼 때 우리와 결코 유리된 것이 아니라는 점을 강조할 필요가 있다. 실질적으로 한반도의 관점에서 지중해를 바라보려는 노력을 특히 동아시아 고대사 연구를 통하여 시도하고 거꾸로 지중해의 관점에서 동아시아의 협력 관계를 서양 고대

사를 통하여 재구성한다. 지중해의 네트워크가 동아시아에서 역사적으로 이루어졌던 해양네트워크를 조명하는 데 어떤 식으로 원용될 수 있는지 검토한다. 그에 이어 동아시아 공동체를 건설하는 기획에 이론적 지침과 상상적 모델 그리고 실제 예들을 제공한다. 아프리카가 지중해 문명에 합류와 분리를 거듭하는 가운데 어떻게 그 정체성을 상실하고 회복하는지를 역사적으로 조명하고, 현재 아프리카에서 추진하고 있는 정체성 회복 운동을 소개한다. 유럽 문명과 이슬람 문명의 상호교류의 역사에서 서로에게 끼친 영향 관계는 무엇이고, 앞으로의 관계는 어떠할지를 점검한다. 또는 이슬람 문명 그 자체가 그리스 로마 문명과 페르시아 문명, 고대 오리엔트 문명 등 주변의 여러 문명들이 하나로 융합되어 생성된 복합 문명이라는 점을 논구한다.

무엇보다 지중해에 대한 접근은 지중해의 시공이 앞서 열거한 모든 항목들의 가로지르기로 구성되어있다는 것을 염두에 둔 것이어야 한다. 따라서 예를 들어 지중해학에서 그리스를 얘기할 때에는 기존의 그리스 역사나 그리스 미술에서 얘기하던 것에 비해 지중해라는 넓고 복합적인 맥락을 고려해야 하는 것이다. 그것이 기존의 역사적 시대 구분이나 각 분과 학문들의 성과를 비교적 덜 이용하기 때문에 덜 꼼꼼하고 어설프다고 할지라도, 지중해라는 큰 단위를 바라보는 의미를 살리는 데 필요한 작업이다. 지중해를 하나의 큰 단위로 보는 것은 여러 문명들을 가로지르는 양상이 인류의 전체 문명을 구성했다고 보는 관점으로 나아간다.

그리스 철학자 엠페도클레스(Empedocles)는 세상에서 하나와 여럿이 사랑과 미움으로 결합되고 흩어진다고 생각했다. 그가 본 혼돈은 조화를 이미 내재하고 있다. 조화는 혼돈의 극복이나 끝이 아니라 혼돈의 과정의 일부라는 말이다. '지중해'를 문제적으로 제시하는 것은 분명 새로운 혼란을 일으키는 것일 수 있으나 그 혼란은 그 자체로 좋은 것이지 어떤 깨끗한 해결로 나아가야만 하는 것은 아니다. 마찬가지로 교류와 상생이 인류의 운명이라고 말할 때, 교류와 상생을 하나의 정해진 길을 따라 흐르는 것으로가 아니라 그 자체가 늘 변화하고 서로 얽혀 일어나는 혼돈에 가까운 것임을 인정하고 받아들이자는 것이다. 학문이든 지역이든 활동이든 어떤 한 힘이 절대적이면 질서가 잡히고 편안해진다. 그러나 질서란 혼돈 가운데 이따금씩 떠올랐다 없어지기를 반복하는 어떤 것이다. 지중해학이 가능하고 필요하다면 바로 이런 식의 열린 사고에서 인류의 문명을 바라보기 때문이다. 이는 어떤 하나의 문명이 중심이 되거나 다른 문명들에 대해 우월해지는 구도가 아닌, 교류와 상생의 관점에서 인류의 운명을 파악하는 길로 이어질 것이다. 그것이 지중해학이 지금 여기서 우리에게 의미를 지니는 이유이며 조건이다.

주

1) Fortey, Richard, *The Earth: An intimate History*:『살아있는 지구의 역사』, 이한음 옮김, 까치, 2004, p.212.

2) 다음 책을 참고할 것. 마르코 폴로,『동방견문록』, 김호동 역주, 사계절, 2000.

3) Eagloton, Terry, *Literary Theory*:『문학이론입문』, 김명환 외 옮김, 창작과 비평사, 1986, p.43.

4) 3장의 내용은 다음 글을 보충한 것이다. 박상진,「지중해 지역 연구의 조건과 가능성」,『국제지역연구』제6권 1호, 국제지역학회, 2002, pp.129-147.

5)『지역학 연구의 과제와 방법』, 한국외국어대학교 지역학 연구회, 책갈피, 1994, pp.12-13.

6) 야노 토루 엮음,『지역연구와 세계단위론』, 부산외대 아시아 지역 연구소 옮김, 전예원, 1999, p.8.

7) 교토대학 부설 동남아시아연구센터,『講座現代의 地域研究』, 編輯代表 矢野暢, 1993~94, 東京: 弘文堂, 총 4권.

8) Goitein, S. D., *The Mediterranean Society: The Jewish Communities of the Arab Worlds As Portrayed in the Documents of the Cairo Geniza*, Univ California Press, 2000.

9) Horden, Peregrine, and Nicholas Purcell, *The Corrupting Sea: A Study of Mediterranean History*, Oxford: Blackwell, 2000.

10) 정수일,「지중해 문명과 지중해학」,『지중해지역연구』, 제5권 1호, 지중해연구소, 2003, p.4.

11) 장 프랑수아 리오타르,『포스트모던의 조건』, 이삼출 외 옮김, 민음사, 1992, p.82.

12) Huntington, Samuel, *Clash of Civilizations*:『문명의 충돌』, 이희재 옮김, 김영사, 1997.

13) Horkheimer, Max, and Theodor W. Adorno, *Dialektik der Aufklärung* (1969):『계몽의 변증법』, 김유동 외 옮김, 문예출판사, 2001.

14) Eagleton, Terry, *The Idea of Culture*, Oxford: Blackwell, 2000.

15) 야노 토루 엮음, 같은 책, pp.323-352.

16) Castells, Manuel, *The Information Age: Economy, Society and Culture*,

vols. 3, Oxford: Blackwell, 1997.

17) 이에 대해서는, 테리 이글턴의 *The Illusions of Postmodernism* (Oxford: Blackwell, 1996)을 참조할 수 있다.

18) 야노 토루 엮음, 같은 책, pp.272-284.

19) 이에 대해서는 다음 책을 참고할 것. Carrier, James G. and Daniel Miller, eds., *Virtualism: A New Political Economy*, Oxford: Berg, 1998.

20) Löwith, Karl, "Vom Sinn der Geschichte": 「역사의 의미」, 이광주 편, 『역사와 문화』, 문학과 지성사, 1985, pp.19-32.

21) Horden, Peregrine, and Nicholas Purcell, 같은 책, p.12.

22) Cameron, Averil, *The Mediterranean World in Late Antiquity: AD 395~600*, London: Routledge, 1993, pp.4-7.

23) Braudel, Ferdinand, *The Mediterranean and the Mediterranean World in the Age of Philip II*, London, 1972, vol 1, p.14.

24) 이에 대해서는 브로델의 *A History of Civilization*(Penguin Books, 1995)을 참조할 것.

25) Braudel, Fernand, *Civilization and Capitalism 15th~18th Century*, vol. 3, p.22. Braudel, Fernand, *The Mediterranean and the Mediterranean World in the Age of Philip II*, vol. 1, p.387.

26) Wallerstein, Immanuel, *The Modern World-System I*; 『근대세계체제』 I, 나종일 외 옮김, 까치, 1999.

27) King, Russell, Paolo De Mas & Jan Mansvelt Beck, *Geography, Environment and Developmemt in the Mediterranean*, Brighton: Sussex Academic Press, 2001, p.6.

28) Horden, Peregrine, and Nicholas Purcell, 같은 책, p.10.

29) 이석호, 「아프리카의 빛과 지중해의 그림자」, 박상진 엮음, 『지중해의 빛과 그림자』, 한길사, 근간.

30) Bernal, Martin, *Black Athena: The Afroasiatic Roots of Classical Civilization*, Rutgers University Press, 1987.

31) Goethe, Johann Wolfgang von, *Italian Journey*; 『이탈리아기행』, 박찬기 옮김, 민음사, 2004. Gorkij, M., *Ckazki ob Italii*; 『이탈리아 이야기』, 신윤곤 옮김, 열린책들, 1991. James, Henry, *On Italy*, London: Barrie & Jenkins, 1988.

32) 박상진, 『열림의 이론과 실제: 해석의 윤리와 실천의 지평』,

소명출판, 2004, p.128.

33) Delouche, Frédéric(eds.), *Histoire de l'Europe*: 『새유럽의 역사』, 윤승준 옮김, 까치, 1995.

34) 1989년 11월에 중부유럽 4개국 회의(Quadrilateral Initiative, 이탈리아, 오스트리아, 유고, 헝가리)로 시작되어, 1992년 7월 비엔나 정상회의에서 명칭을 'Central European Initiative'로 변경하고, 회원국을 10개국(이탈리아, 오스트리아, 폴란드, 헝가리, 체코, 슬로바키아, 보스니아, 크로아티아, 슬로베니아, 마케도니아)으로 확대한 이 조직은, 정치, 경제, 과학, 기술, 문화 등 각 분야에서의 협력 확대를 추구한다. 재미있는 것은 이탈리아는 중부 유럽에서도, 지중해에서도, 주도적인 역할을 한다는 사실이다.

35) 이에 대해서는 정수일의 연구가 풍성한 증거와 자료 그리고 전망을 보여준다. 다음 책들을 참고할 수 있다. 『문명교류사 연구』, 사계절, 2002; 『문명의 루트 실크로드』, 효형출판, 2002; 『고대문명교류사』, 사계절, 2001; 『실크로드학』, 창비, 2001.

36) 윤명철은 고대 동아시아가 하나의 지중해적 문명을 이루었다는 가설을 이론뿐만 아니라 뗏목탐사와 같은 실제 측면에서 부단하게 입증해보이고 있다. 다음 책들을 참고할 수 있다. 『한민족의 해양활동과 동아지중해』, 학연문화사, 2002; 『장보고 시대의 해양활동과 동아지중해』, 학연문화사, 2002; 『동아지중해와 고대일본』, 청노루, 1996.

37) 다음 책들에 상술되어 있다. Brandt, C. J. and Thornes, J. B., eds., *Mediterranean Desertification and Land Use*(Chichester: Wiley, 1996); Mairota, P., Thornes, J.B. and Geeson, N., eds., *Atlas of Mediterranean Environments in Europe*(Chichester: Wiley, 1998); Thornes, John, "Environmental Crises in the Mediterranean"(King, pp.261-280).

38) Gianni Vattimo, *La fine della modernità*: 『근대성의 종말』, 박상진 옮김, 경성대출판부, 2003.

39) 야노 토루 엮음, 『지역연구의 방법』, 아시아지역경제연구회 옮김, 전예원, 1999, p.61.

40) 최갑수, 「동북아 역사논쟁과 민족주의」, 『진보평론』, 22호 2004 겨울호, pp.166-181.

지중해학 세계화 시대의 지중해 문명

| 펴낸날 | 초판 1쇄 2005년 2월 28일 |
| | 초판 2쇄 2012년 3월 16일 |

지은이	**박상진**
펴낸이	**심만수**
펴낸곳	**(주)살림출판사**

출판등록 1989년 11월 1일 제9-210호

경기도 파주시 문발동 522-1
전화 031)955-1350   팩스 031)955-1355
기획·편집 031)955-4662
http://www.sallimbooks.com
book@sallimbooks.com

ISBN 978-89-522-0341-0   04080